髙橋昌明
Masaaki Takahashi

平家の群像

物語から史実へ

岩波新書
1212

目　次

序章　清盛の夢

——福原の新王朝——

平安末期に権勢を誇った平家の歴史を語る時、平清盛《きよもり》に焦点をあてるのが普通だろう。それに対し本書は、清盛の孫維盛《これもり》と清盛五男重衡《しげひら》を中心に、広く平家一門の群像を描く。清盛独りの平家でなかったのはもちろんだし、彼の死後平家滅亡までは、まだ四年間の全国をおおう内乱の時代がある。また平家も全体が一枚岩ではない。あたかも、足並みの乱れた多頭立ての馬車のように、一門を構成するいくつもの家が、各自の思惑で行動し、大小の不協和音を奏でていた。清盛存命中は彼の絶大な政治力で一門はなんとかまとまっていたが、没後、矛盾が露呈する。そうした諸相を描くには、このスタイルが適当と考えたからである。清盛は、これら群像によって照らしだされる黒幕であり、中途で降板した総監督である。

主役級の二人、維盛と重衡は年格好も官歴もよく似ていた。維盛は挙措優美、美男で知られ、光源氏の再来とうたわれた人物である。重衡は牡丹《ぼたん》の花にたとえられる艶麗さをそなえ、陽性でユーモアのセンスがあり、戦えば勝つ常勝将軍だった。二人は平家の公達《きんだち》としてもっとも華があるとともに、一門の双璧である二つの大きな家の消長をそれぞれに表現し、明暗の対照がある。そのため平家を語るにはまことにふさわしいアクターなのだが、彼らに舞台に立ってもらうには、どうしてもその前史や背景を述べておかなければならない。しばしご辛抱をいただきたい。

伊勢平氏の成立

桓武《かんむ》天皇治世の八世紀末、天皇皇子・皇女(一世皇親)に対し、氏姓《うじかばね》を与えて臣籍に降下させる政策がとられ、以後皇族に対する賜姓《しせい》が頻繁になる。この時、降下の皇族に下賜された氏名《うじな》の一つが平《たいら》で、平氏は桓武天皇の皇子葛原《かつらはら》親王の皇子(桓武二世王)に与えられたのが最初である。源《みなもと》氏が歴代天皇皇子に下賜される氏の名であるのに対し、平は二世王以下のそれだった。その後光孝《こうこう》・仁明《にんみょう》・文徳《もんとく》の各天皇の子孫にも平氏が与えられた。

桓武天皇の皇子で平氏を与えられた系統は全部で三つあり、清盛が出た葛原親王のそれがもっとも繁栄した。葛原親王の系統は、親王の長男高棟《たかむね》と弟高見《たかみ》王の子高望《たかもち》を祖とする二流に大別され、高棟流はそのまま宮廷貴族として展開してゆくことになる。

高望流は、高望王が寛平《かんぴょう》元(八八九)年平氏を賜って、上総介《かずさのすけ》に任じられたことより始まる。高望の子孫は下総《しもうさ》・常陸《ひたち》・武蔵《むさし》など関東の各地に分かれて土着し、その子孫から坂東平氏の各流が生じた。清盛や源頼朝《よりとも》の時代に御家人《ごけにん》として名を馳せる千葉・上総・三浦・中村・秩父《ちちぶ》・大庭《おおば》・梶原といった家々はその末裔である。一〇世紀に反乱を起こし、一時関東を支配した平将門《まさかど》は高望の孫で、反乱も一族の内部争いに端を発するものだった。将門の従兄弟の貞盛《さだもり》は乱鎮圧に功があり、乱後その子維衡《これひら》ら(もしくは貞盛自身)が伊勢方面に進出した。

長徳《ちょうとく》四(九九八)年、維衡は伊勢で同族の平致頼《むねより》と武力紛争を起こす。当時の貴族の日記には、彼らについて「年来の間、伊勢神郡《しんぐん》(伊勢神宮が支配する郡)に住す」と記している(『権記《ごんき》』一二月一四日条)。当時平氏の勢力圏は、鈴鹿《すずか》郡以北の北伊勢を中心に、一部は尾張《おわり》に及んでいた。この維衡が、伊勢平氏の祖とされる人物である。

彼らは下級の貴族でもあったから、伊勢の現地にへばりついていたわけではない。京都に活動の足場を持って現地との間を往来する存在だった。維衡は地方の長官である国守《こくしゅ》(くにのかみとも、受領《ずりょう》)を歴任し、藤原道長《みちなが》など複数の上流貴族に武力や財力で奉仕していた。こういう面は清和《せいわ》天皇(陽成《ようぜい》天皇とも)から出た源氏で、維衡の同時代人である頼光《よりみつ》、その弟で頼朝の遠祖頼信《よりのぶ》なども似たり寄ったりである。今日の日本史学は彼らを軍事貴族と呼ぶ。維衡流は長元《ちょうげん》年間(一〇二八〜三七)にも致頼流と闘乱を起こしており、やがて後者を伊勢から駆逐した。伊賀方面にも進出している。

院政と平氏の躍進

伊勢平氏は一一世紀中葉以降、下級貴族と侍《さむらい》身分の境目あたりで低迷を続けていた。侍という身分は平安中期以降史料に見え、「じっとそばで見守り待機する」という意味の「侍《さぶら》ふ」

という動詞が名詞化したもの。官位高く権勢のある家に仕え、位で六位、官職でいえば中央官庁の判官《じょう》(次官の下の三等官。じょうの訓は八省の判官の丞によるもの)クラスをまとめてそう呼ぶ(当時の位階制については表1参照)。五位以上になれば貴族だから、貴族と百姓(一般庶民)の間に位置する社会的中間層を指す言葉である。侍は武士と文士からなり、武士は武をもって顕貴な家に奉仕し、文士は文をもって奉仕する。当時はまだ侍イコール武士でないことに注意していただきたい。

　そうしたさえない存在の伊勢平氏が、飛躍を開始したのは院政期に入ってからだった。退位した天皇(太上天皇《だいじょうてんのう》。上皇《じょうこう》はその略称)が政務に関与し、その実際を動かすような政治のあり方を院政という。正確にいえば、当時天皇は幼くし

貴族	公卿	正一位		
貴族	公卿	従一位		
貴族	公卿	正二位		
貴族	公卿	従二位		
貴族	公卿	正三位		
貴族	公卿	従三位		
貴族	殿上人・諸大夫	正四位上	正四位下	
貴族	殿上人・諸大夫	従四位上	従四位下	
貴族	殿上人・諸大夫	正五位上	正五位下	
貴族	殿上人・諸大夫	従五位上	従五位下	
	侍	正六位上	正六位下	
	侍	従六位上	従六位下	

・人臣最高の位である正一位は，生前には何人も授けられることがない
・正四位上，正五位上はほとんど叙せられることがなく，飛ばすのが普通の位
・四位(ほとんどは正四位下)で官職が参議になれば公卿に入る
・五位に昇ることを栄爵または叙爵という．天皇から直接位を授けられる形をとる(勅授)
・正六位下以下は10世紀以降ほとんど実質的な意味がなく，正六位上が五位に進む手前の段階として残る程度で，消滅も同然

以下七位，八位，初位計12階は省略

表1　位階表(11世紀段階．律令制の本来の形は30階)

て即位し、しかも在位期間が短いので、複数の上皇がいる場合がある。その時、院政の主体になれるのは治天《ちてん》、つまり王家(天皇家)の家長である上皇だけで、現天皇は必ず彼の子・孫といった直系卑属《ひぞく》だった。上皇が出家すると法皇《ほうおう》と呼ばれる。応徳《おうとく》三(一〇八六)年の白河《しらかわ》退位以降の、白河・鳥羽《とば》・後白河《ごしらかわ》の三院政、約一〇〇年間が院政のもっとも盛んな時代だった。

院とはもともと上皇や法皇の御殿、その住まいを意味した。そこから転じて上皇・法皇を指す語にもなる。上皇の側近として権勢をふるった廷臣が院の近臣《きんしん》(近習《きんじゅう》)である。実務官人や受領を歴任する中下級貴族の出身で、上皇・天皇の夫人や乳母《めのと》を近親から出すことによって、上皇と結びついた者が多い。上皇の院中の庶務を処理する機関が院庁《いんのちょう》、その職員が院司《いんし》である。院司は朝廷の官人が兼任し人数も決まっていないが、最上席者を別当《べっとう》といい、以下判官代《ほうがんだい》・主典代《さかんだい》などが幹部である。名前だけの別当もいたので、実務は数ある別当のなかの執事《しつじ》・年預《ねんよ》(執事の輔佐)が中心となってこなした。

伊勢平氏一族の飛躍を実現した功労者、清盛から見て平家の「近代」を開いた人物が、「祖父」正盛《まさもり》である。彼は一族のなかで中心的な存在ではなかったが、隠岐守《おきのかみ》在任中の永長《えいちょう》二(一〇九七)年、伊賀国の自領を上皇の亡き愛娘の菩提寺である六条院に寄進して、白河院の目にとまった。以後、院の愛人の祇園女御《ぎおんにょうご》や近習筆頭の藤原顕季《あきすえ》らと結んで勢力を伸張。武勇の面でも、配流地の隠岐から出雲《いずも》に渡り目代《もくだい》(国守の代官)を襲撃した源義親《よしちか》(八幡《はちまん》太郎義家《よしいえ》の嫡男)を追討して、名をあげた。また海賊追捕や寺院大衆《だいしゅ》(いわゆる僧兵)の強訴《ごうそ》阻止に手腕を発揮した。一方、富裕な受領として院が進める造寺造塔事業を財力の面で支え、院の近習としての地歩を築いてゆく。

その子で清盛の「父」忠盛《ただもり》も白河法皇の寵をえ、検非違使《けびいし》や国守を歴任、院判官代を経て、大治《だいじ》四(一一二九)年に山陽道・南海道の海賊追討使となる。法皇が没すると、ひきつづき鳥羽上皇の近習として奉仕。藤原顕季の孫で鳥羽院第一の寵臣家成《いえなり》との連携を深めた。この顕季以来の流れを善勝寺《ぜんしょうじ》流と称したい。

忠盛は院別当になって、天承《てんしょう》二(一一三二)年には内昇殿《うちのしょうでん》を許される。それは天皇の日常の住まいである清涼殿《せいりょうでん》の殿上間《てんじょうのま》に昇るのを許されることで、彼らは貴族のなかでもとくに殿上人《てんじょうびと》と呼ばれる。官僚制を媒介とせず非律令制的に創りだされた天皇との関係であり、その側近を意味する栄誉だった。『平家物語』には、彼の立身をねたんだ貴族たちが闇討ちを計画するが、本人の機転と郎等の忠勤で未然に防ぎ、しかも後難を逃れたとある(巻一「殿上闇討」)。翌年、王家の直轄領である肥前国神崎荘《ひぜんのくにかんざきのしょう》(現佐賀県神埼市)を預かる立場を利用して日宋《にっそう》貿易に関与。保延《ほうえん》元(一一三五)年、再び追討使として山陽道・南海道の海賊を追捕。同五年、南都(奈良)の衆徒《しゅと》(大衆に同じ)の入京を阻止。おもに西国の受領を歴任し、正四位上に叙せられた。

忠盛はさらに院庁の牛馬を飼育管理する御厩《みうまや》の別当を務め、久安《きゅうあん》四(一一四八)年、鳥羽院の年預の別当となり、翌年その后美福門院《びふくもんいん》の年預の別当も兼ねる。仁平元《にんぴょう》（一一五一）年刑部卿《ぎょうぶきょう》に補せられた。武力・財力以外にも和歌・聞香《もんこう》など宮廷の教養を身につけ、公卿《くぎょう》（大臣と納言《なごん》、参議および三位以上の上流貴族）昇任の一歩手前まで達したが、ついに届かなかった。

平氏台頭の背景

忠盛の子が清盛で、元永《げんえい》元（一一一八）年生まれ。この時代の人物としては珍しく誕生日が正月一八日とわかっている。正盛・忠盛を清盛の「祖父」「父」としてカッコにつつんだのにはわけがある。清盛の母は白河法皇身辺の女性で、法皇の子を身ごもったまま忠盛に下賜されたらしい。その子が清盛で、つまり彼は法皇の落胤《らくいん》と目されるのである。それに関係して、清盛の母を祇園女御もしくは彼女の妹とする伝承があるが、前者は事実ではないし、後者は根拠薄弱である。

その清盛は、正盛・忠盛が院の近習として、院政の武力的支柱として、政界に地歩を築いたのをうけ、さらに発展させた。彼も西国の国守を歴任し、忠盛の死後、後継者として多数の郎等・郎従を率いた。この時期伊勢平氏が重用されたのは、そもそも武士の役割が増大していたからで、その背景を手短に説明しておきたい。

鳥羽院政期に入ると、全国に以前とは比べものにならない勢いで、荘園がつくられてゆく。

荘園とは一般的にいえば、私的な大土地所有制であるが、もともと王権(朝廷)が貴族・大寺社に収入を保証するため、その全体または一部の支配権を認めたもので、田畠・山野河海などによって構成されている。それ以前に国衙《こくが》(諸国の国司が政務を執る役所)が管轄していた公の土地を割《さ》き取る形をとるから、荘園の激増は、国衙と荘園の間に、荘園の範囲、住民の帰属、国衙に納めるべき負担や朝廷への上納物の種類や額、種々の夫役《ぶやく》や雑役《ぞうやく》の免除・非免除などをめぐる、暴力をともなう対立・紛争を引き起こすことになった。

国衙も荘園も都市(都)による地方収奪のシステムであるから、両者は互いの取り分をめぐって争わざるをえないのであり、対決は中央にもちこまれ、しかも根本的な解決は至難のわざだった。荘園領主は、在地の有力者を荘官《しょうかん》(現地の管理者)に任命し、一面、彼らの地域社会における成長を後押しするが、要求される負担の重さと、何か問題があれば簡単に荘官の職を解任されてしまう不安定な立場は、しだいに彼らの不満や反抗を増大させていった。

一方、院政の成立は王家内部に一家の長たる治天と国王たる天皇という二つの中心をつくりだす。これにより、それぞれをいただく勢力の対立という事態が生じた。王位の継承をめぐって諸政治勢力の対立と連合が見られ、同じころ摂関家の分裂も深刻化した。また院政期は、法皇による巨大寺院の統制が進み、各寺院は王権への忠誠競争に駆り立てられていた。ために寺院間の競いあいがしばしば力の対決に発展し、寺領をめぐる国衙との紛争もあって、それらを有利に導くため寺院大衆の強訴があいついだ。武士が存在意義を増したのは、各種の衝突が社会の緊張を著しく高めたからである。

保元・平治の乱

王家内部の対立に摂関家の分裂がからんで発生したのが保元《ほうげん》の乱である。鳥羽院は寵妃藤原得子《とくし》(美福門院)との間に生まれた体仁《なりひと》親王(のちの近衛《このえ》天皇)を即位させるため、我が子崇徳《すとく》天皇を退位させた。一方摂関家では藤原忠通《ただみち》が摂関職の継承をめぐって父や弟と対立する。父忠実《ただざね》は弟頼長《よりなが》を偏愛し、忠通の摂政の地位を有名無実化させ、本来摂関職と一体化していた氏長《うじのちょう》者《じゃ》の地位を頼長に与えた。氏長者とは、一族の宗家《そうけ》として氏人を統率して朝廷に仕え、氏神の祭祀や氏寺・氏社の管理、氏人の中から従五位下の適任者を選び推挙にあたる氏の首長である。

ところが久寿《きゅうじゅ》二(一一五五)年、近衛天皇が急死した。忠通は美福門院と結んで、将来守仁《もりひと》親王(のちの二条天皇)を即位させる前提で、父の雅仁《まさひと》親王(後白河天皇、崇徳の弟で近衛の兄)を天皇に就けるよう動いた。これにより崇徳上皇は王位を我が子重仁《しげひと》に伝えることができなくなり、したがって次代に院政を布《し》くこともかなわず、その怒りは内攻する。忠実・頼長も、忠通が策謀をめぐらした結果、鳥羽院の信頼を失って失脚、後白河天皇即位を機に頼長の内覧《ないらん》(関白に準じた職務)の地位も失われた。

保元元(一一五六)年七月、鳥羽院が没すると、天皇方は崇徳上皇・頼長両人を挑発、追いつめられた上皇方は、白河殿《しらかわどの》に源為義《ためよし》、清盛の叔父平忠正《ただまさ》らの武士を招集する。これに対し天皇方は為義の嫡子義朝《よしとも》や清盛など主要な武士を網羅していた。同月一一日未明、天皇方は白河殿を急襲して火を放ち、敗れた上皇・頼長は逐電した。上皇は捕らえられ、頼長は流矢にあたって死去、乱は短時間で天皇方の勝利に帰す。上皇が讃岐《さぬき》に配流されたほか、上皇方に加わった人びとはそれぞれ流罪に処せられた。武士に対する処分はさらに厳しく、長らくとだえていた死刑が復活、忠正らは清盛に斬られ、為義とその子息たちも義朝によって斬首される。

保元の乱勝利の陰の功労者であった信西《しんぜい》入道(藤原通憲《みちのり》)は、乱後政界の主導権を握り、大内裏の復興、荘園整理などの政策を推し進めた。信西と美福門院が協議した結果、保元三年八月、後白河が守仁(二条天皇)に譲位する。もともと後白河は守仁が即位するまでの中継ぎの含みだったから、守仁が天皇になると、藤原経宗《つねむね》・惟方《これかた》ら側近が、後白河を棚上げして天皇親政を推進しようとした。彼らにとり、ひきつづき政界を牛耳ろうとする信西は邪魔者である。後白河の近習たちの中にも信西に反発するグループが生まれた。藤原信頼《のぶより》がその筆頭で、反信西で握手した二つの勢力が引き起こしたのが平治《へいじ》の乱である。

平治元(一一五九)年一二月、信頼とそれに従う義朝や二条親政派は、清盛が熊野詣に出た隙に兵を挙げ、二条天皇・後白河上皇を幽閉した。信西は宇治田原(現京都府綴喜《つづき》郡宇治田原町)まで逃れたが自殺、挙兵の報を聞いた清盛は、熊野から引き返し本拠の六波羅《ろくはら》に入った。清盛は服従をよそおって信頼を油断させるとともに、味方につけた親政派の手をかりて天皇を内裏から脱出させ、六波羅の自亭に迎える。上皇も仁和寺《にんなじ》に逃れた。天皇を奪われた信頼らは、逆に謀反人として追討を受ける身となった。二六日、清盛は内裏に攻撃をかけ、六条河原で義朝を破った。捕らえられた信頼は斬首され、義朝は東国に逃れる途中、知多《ちた》半島で家人《けにん》に殺される。嫡男頼朝も翌年捕らえられ伊豆に流される。

太政大臣から福原退隠へ

清盛の平氏は、二度の乱以前から義朝の源氏をはじめ都で競合する他の武士勢力とは、格違いの地位と勢力を有していた。さらに乱が起こったことでライバルを一掃する結果になり、中央の武力を独占するようになった。清盛は永暦《えいりゃく》元(一一六〇)年の参議正三位を手はじめに、急速な官位の昇進を果たし、中央の政局を左右する政治勢力に成長してゆく。以降の武門平氏を平家と呼びたい。

もともと律令制では親王、三位以上の上流貴族の「家」は公的な存在で、家政を掌《つかさど》る職員(家令《かれい》)が官給されていた。平安中期以降これらの家政機関は変質するが、公卿とそれ以下は厳格に区別された。当時の源氏と平氏を、源氏と平家と呼んでも源家と平氏とはいわない。語呂の善し悪しの問題ではなく、両者の朝廷における位置の高下差によるものである。

さて、中央の政局を左右する勢力になったとはいえ、通俗の説明のように、乱後いきなり平家の政権が成立したわけではない。後白河は、上皇のち法皇として、二条・六条・高倉《たかくら》・安《あん》徳《とく》・後鳥羽《ごとば》の五代の天皇の治世、三十余年の間——その間二度にわたり無力化された時期もあるが——政治に積極的にかかわり続けた。

初め清盛は基本的には二条天皇親政派で、後白河院の政治活動を封じこめるのに力を発揮した。清盛は摂関家にも接近、娘盛子《もりこ》を忠通の子近衛（藤原）基実《もとざね》に嫁がせる。ところが永万《えいまん》元（一一六五）年二条天皇が病の床に伏し、我が子順仁《のぶひと》親王（六条天皇）に位を譲って上皇になり、直後、亡くなった。翌年協力して二条親政を支えてきた基実が早世すると、一転清盛は、後白河院との同盟に向かう。両者を結びつけたのは後白河最愛の妃、平滋子《しげこ》（のちの建春門院《けんしゅんもんいん》）が生んだ憲《のり》仁《ひと》親王の存在である。滋子は清盛の妻時子《ときこ》の異母妹だったから、清盛と後白河は憲仁を即位させることで利害が一致した。一方、盛子は後家として義理の子基通《もとみち》を後見する立場になり、摂関家領を相続した。普通摂関家領の押領といわれている事態である。

清盛の昇進はいよいよ加速し、仁安《にんあん》元（一一六六）年に内大臣、翌年二月には太政大臣《だいじょうだいじん》に進む。当時太政大臣は、摂関家以外の高位の貴族が最後に就く名誉職的な官職になっており、辞任後政界に隠然たる力をふるうことのほうがむしろ重視された。それでも二年程度はその地位にあるのが普通だが、彼は同年五月、就任後三カ月でさっさと辞し、政界の実力者として君臨する。

清盛は翌年二月、重病にかかり死を覚悟して出家（法名浄海《じょうかい》。以後は法名で呼ぶのが正しいが、なじみの薄さを考えて清盛の名を使い続ける）。後ろ盾を失うのを恐れた後白河は、急遽、名ばかりの六条天皇を退け憲仁を即位させた。高倉天皇である。奇跡的に回復した清盛は、次の年の春まで出家姿で政界を牛耳り、その後摂津《せっつ》福原《ふくはら》（現兵庫県神戸市兵庫区平野）に引き籠もる。以来一一年間福原に常住し、よほどでなければ上洛せず、そこからの遠隔操作で政局を左右し続けた。承安《じょうあん》元（一一七一）年には、渋る後白河に迫って娘徳子《とくこ》（のちの建礼門院《けんれいもんいん》）を高倉天皇に入内《じゅだい》させることに成功する。

六波羅幕府

『平家物語』は、平家一門が朝廷の高位高官に就いたことを強調している。しかし、六波羅に陣取った嫡子重盛《しげもり》らが、全国の平家御家人を率いて内裏を警固するなど、国家の軍事警察部門を掌握している以外は、朝廷内における平家の存在感はいわれるほど大きくない。というのは一門の公卿は、国政を審議する各種の公卿会議に参加する資格も識見も認められていなかったからである。彼らには行政執行の中軸をなす重要ポスト経験者が皆無で、上流貴族に必須の、おもだった儀式の執行役を務める能力を有する者もほとんどいない。並び大名の域を出ない、といってもいい過ぎではない。

だから平家の国政への要求は、高倉天皇や姻戚関係によって結ばれた親平家の有力貴族たちによって代弁されていた。これを平家が政治を動かすための表ルートとすると、裏ルートは後白河の有力近臣や滋子を通して院に働きかける方式だった。

こうした政治のコントロール方式を補足するものとして、清盛の福原居住がある。彼の福原居住の理由を、これまでは中国との貿易に求めることが多かった。たしかに彼は福原の南二・五キロのところにある大輪田泊《おおわだのとまり》（のちの兵庫津、現神戸港の西部）を改修、経島《きょうのしま》（平安版ポートアイランド）を築き、それまで大宰府どまりであった中国（宋）船を直接大輪田泊まで引き入れるなど、画期的な施策を推進した。しかし、たまにしか来航しない宋船のために、最高実力者が現地で常時待機する必要はない。

彼の意図は以下のところにあったのだろう。すなわち京都で後白河と角突き合わせていれば、臣下としての対応や譲歩を余儀なくされる。しかし当時の交通・通信の状態では、有力政治家が都の近傍に立ち退くだけで、コミュニケーションに支障が生じた。コミュニケーション量の減少は、相手とのかかわりの減少を意味し、空間的な距離は、相手に政治的・心理的な距離をおく効果がある。この福原居住による王権との絶妙の距離は、具体的な歴史のそれぞれの局面で、平家に政治的な自立（律）性を保証するだろう。

彼は、福原から指示を送る、あるいは京都からの働きかけを待つだけでなく、必要とあれば速やかに上洛した。在京の平家公卿たちは、遠所にある清盛の指示を理由に、事実上院の要求をこばみ、あるいは時間稼ぎをし、最後は清盛の上洛による政治決着にゆだねる、といった対応をとっていたのである。そして清盛は、用件をすますとさっさと福原に帰っていった。

清盛の福原居住が、京都不在のマイナスを差し引いても、平家の威信や自立を保持するのに、有効な方法だった事実は疑えない。筆者はこの福原と六波羅の二拠点で構成された平家の権力を六波羅幕府と呼んでいる。鎌倉幕府に先行する史上初の武家政権である。詳しくは拙著『平清盛　福原の夢』をご参照いただければ幸いである。

平氏系新王朝

たとえ平家公卿個人は並び大名的存在であっても、以上述べた政治介入方式、そして六波羅幕府という形での急激な勢力拡大は、既成勢力の反発をまねき、治承《じしょう》年間(一一七七〜八一)には、平家と院の暗闘が表面化した。その最初は安元《あんげん》三(一一七七)年六月発生の鹿ヶ谷《ししがたに》事件である。平家打倒を企てたとされるこの事件で院近臣を処分し後白河を押さえこんだ清盛は、翌治承二年末、高倉天皇と徳子の間に生まれた新生児の言仁《ときひと》を東宮《とうぐう》(皇太子)に立てた。ついで巻き返しに出た院勢力を、治承三年一一月の軍事クーデタで粉砕。反対派貴族を大量に処分、院政を停止、軍事独裁政治を開始した。研究者の多くは、このクーデタ以後、厳密な意味で平家の政権が成立したと考えている。

治承四年二月、高倉天皇が位を降り、言仁が即位(安徳天皇)、清盛は天皇の外祖父になった。クーデタによって平家が知行《ちぎょう》する国(後述)および平家一門が国守に就いた国が飛躍的に増加し、約三〇カ国、日本列島に所在する地方行政単位としての国々の半数近くに及んだ。平家はほかに全国五百余カ所に及ぶ荘園を所持したという。

しかしクーデタで権力を独占したことは、支配層内部での平家の孤立を深刻なものにした。また知行国・荘園を大量に集積し、自らの政治的・経済的基盤としたことは、全国の公領・荘園が生みだしていた社会的・政治的な諸矛盾を、一手にひきかぶることを意味しており、平家と地方社会の対立は深刻化する。

同年五月、以仁王《もちひとおう》(後白河の第三皇子)らの平家打倒計画が発覚する。これは未然に鎮圧され、六月二日平家一門は、安徳天皇・高倉上皇・後白河法皇をともなって福原に向かった。世にいう福原遷都である。これまで遷都は、平安京にいては以仁王の背後にある勢力、とくに南都の寺院勢力の圧力を回避できないと判断しての、清盛の発作的な思いつきであるかのようにいわれてきた。しかし四〇〇年も続いた平安京から都を遷《うつ》す企てが、衝動だけでなされるはずがない。

筆者は、清盛が、たんなる幕府にとどまらず高倉上皇・安徳天皇を頂点とする平氏系新王朝の立ち上げに踏み切った以上、それにふさわしい新都の建設を断行しようとした、と考えている。遷都は政治環境の大転換、少なくとも人心の一新をもたらす。それゆえ新王朝には新都がふさわしい。中国では王朝交替とともに、都が洛陽と長安の間を振り子のように移動した。明治新政府も東京に遷都し、古く桓武天皇は山城長岡京《やましろながおか》、さらに平安京での新都建設に邁進《まいしん》した。奈良朝は壬申《じんしん》の乱を起こして天皇位を奪った天武《てんむ》系の王朝である。同王統はあいつぐ政争によって男子がとだえたので、ひっそりと残っていた天智《てんじ》の六一歳の孫(光仁《こうにん》天皇)、一〇年後にはその子(桓武天皇)が即位した。仇敵の王統が造った平城京を棄てることは、桓武にとって新王朝の誕生を内外に顕示する不可欠の措置であったのである。

しかし遷都に際しては、旧勢力による執拗な反対の動きがあり、八月の伊豆での頼朝の挙兵をかわきりに、反乱が急速に全国化した。一般に源平合戦と呼ばれている内乱の始まりである。事態打開のため、清盛はしぶしぶ都帰りをし、反乱勢力の鎮圧に全力を注ぐ。同年末には南都の東大寺・興福寺を焼き討ちし、強力な政治体制を実現すべく態勢の立て直しをはかるが、翌年閏二月病死してしまう。享年六四歳だった。

以後、よく知られるように平家一門は滅亡へと向かうわけだが、そのしだいは第三章以下で見てゆくことにしよう。

平家物語について

歴史を研究し叙述するには、まず同時代に作成された確実な史料によらねばならない。その目的にかなったものに、和風漢文で書かれた古記録（貴族などの日記類）と古文書学でいう古文書《こもんじょ》（差出人・受取人・用件・日付などを備えた公文書・私文書）がある。平家全盛期に書かれた古記録は少なくないが、内容を理解するには相当な予備知識がいる。なかには活字化されていないものもあり、利用にはさまざまな困難がある。

平家が発給した権利付与文書としての古文書は、平家滅亡により、持ち主とともに失われるか、紙くず同然になった。あるいは平家与党の証拠として身に危険が及ぶので破棄されたのだろう。だからそのほとんどは今日に伝わっていない。そして同時代史料が伝える史実の山は、たいていは相互の関連がはっきりしない断片的事実で、その関連をつきとめる作業はあたかもトランプゲームの「神経衰弱」といった趣がある。

これに対し、ある目的からさまざまな史料を利用して編纂《へんさん》された後世の歴史書（編纂物）は、豊かなストーリー性ゆえに歴史を通観できる利点がある。鎌倉幕府には『吾妻鏡《あづまかがみ》』という、鎌倉後期に幕府自身が編纂した幕府の歴史を語る書物があり、大変便利でおもしろい。しかし依拠した史料に信頼性の劣るものがあり、また編纂者の誤った史料解釈や幕府の立場から故意に筆をまげている箇所も少なくない。短命な平家はその手のものもつくれなかった。

そんな事情で、平家を語る際、従来は『平家物語』に大きく依拠してきた。なんといっても読むに平易で感動がある。しかし、あくまで文学作品である。『平家物語』は鎌倉中期以前に原形が成立し、その後の成長の過程で、史実と虚構・誇張が複雑に交じりあうようになった。『平家物語』が語った歴史の見方・枠組みも、この時代の真の像とはかなりかけ離れており、そのフィクショナルな歴史像が、また後世の歴史に大きな影響を及ぼしてきた。それは『平家物語』の文学としてのすばらしさを損なうものではないが、歴史としての平家の時代を語る時には、やはり一線は画さなければならない。史実との違いや文学としての描き方の特色については、本書の該当の箇所で、そのつど必要な範囲でふれることにしたい。

ここではその理解を助けるために、『平家物語』の成長や普及の過程で生まれた、数え方によっては七〇〜八〇種類はあるといわれる、あまたのバージョン（諸本、伝本）の系統分類について、簡単に説明しておきたい。『平家物語』はテキストによって微妙に、あるいは大きく本文が異同している。これらをどう分類するか、それらの間の系統をどう想定するかについて、研究者の見解は多岐に分かれる。

以前は語り本から増補本（読み本）へ展開したというシェーマが有力だった。前者は琵琶法師《びわほうし》が平家琵琶興行のために寺社を拠点として結成した当道座《とうどうざ》の、語りの台本ないしはそれに近い形態の本を指す。当道系ともいう。語り本系は筑紫《つくし》出身の如一《じょいち》の流れをくむ一方《いちかた》系と、城玄《じょうげん》の八坂《やさか》系の二流に分かれる。如一の系統は名前に「一」をつけるところから一方系と呼ばれた。

これに対し読み本はそれ以外の諸本をいう。大部分は語り本系に比べ記事量が豊富、言い換えると断片的な伝承や記録類が未整理のまま詰めこまれているのを特色とする。これらに対しかつてあてられていた増補本という呼称は、いったん成立したもの（語り本）をさらに増補したという成立についての予断が含まれているので、現在は使われない術語になっている。非当道系とも呼ばれる。

現在の『平家物語』研究では、読み本系諸本に『平家物語』の古態を探る論が一般的である。その代表である延慶《えんきょう》本・長門《ながと》本・『源平盛衰記《げんぺいじょうすいき》』の三本は近しい関係にある。それらに共通する祖本《そほん》（出発点となった元の本）の要素を多く残しているのが延慶本で、これは延慶年間（一三〇八〜一一）に書写されたものを、応永《おうえい》年間（一三九四〜一四二八）さらに書写したものとされる。祖本からいちばん遠いのが『盛衰記』であろう。

一方、語り本系諸本は、延慶本的なものを刈りこみ、文学的に洗練させる過程でできた祖本を出発点とする。そして各テキスト間の異同は、琵琶法師の「語り」によって変化・流動したのではなく、おもに机上で「書かれたもの」で、それを作者が琵琶法師に与えたと考えられるようになった。南北朝期に如一の弟子に明石覚一《かくいち》が登場して、応安《おうあん》四（一三七一）年語り本の精華というべき覚一本、つまり我々が高等学校の古文の授業などで教わってきた文学性高い文字テキストを完成させるに及んで、物語は流動期から固定の時期に入った。

本書が前提にしているのはこうした諸本の流れについての理解で、以下ただ『平家物語』という場合にはおおむね覚一本を指し、それ以外の『平家物語』諸本は延慶本といったテキスト名で、あるいは語り本、読み本などの分類で表記する。

第一章　「賢人」と「光源氏」

——小松家の「嫡子」——

清盛の兄弟

平家一門を構成する人びとを順次紹介したい。

清盛の兄弟からはじめる。忠盛の男子には、長男清盛や次男家盛《いえもり》、三男経盛《つねもり》、四男教盛《のりもり》、五男頼盛《よりもり》、六男忠度《ただのり》がいた。忠盛が恋多き男だったので、家盛・頼盛が同母のほかは、すべて母が違う。末子忠度は忠盛晩年の子なので、官歴も治承四(一一八〇)年に薩摩守《さつまのかみ》になり、正四位下に進んだ程度で、兄たちに見劣りする。清盛の権力掌握過程に実際に参画したのは、若死にした家盛を除く経盛・教盛、そして頼盛であった(図1参照)。

弟中もっとも年かさの経盛は天治《てんじ》元(一一二四)年生まれで、国守などを経て、安元三(一一七七)年正三位、養和《ようわ》元(一一八一)年参議に至っている。参議は大・中納言に次ぐ重職で、四位以上の者から任ぜられ、公卿の一員である。しかし経盛が参議になった時、すでに五八歳を迎えていた。三人の弟のなかでは位階官職もっとも劣り、清盛の評価もあまり高くなかったらしい。母の実家の力不足も作用しているようだ。

経盛は歌人だった父の素質を受け継ぎ、守覚法親王《しゅかくほっしんのう》(後白河第二皇子)の仁和寺歌会や二条天皇の内裏歌会に参じたほか、多くの歌合《うたあわせ》に参加し自亭でも催している。近衛天皇・二条天皇二

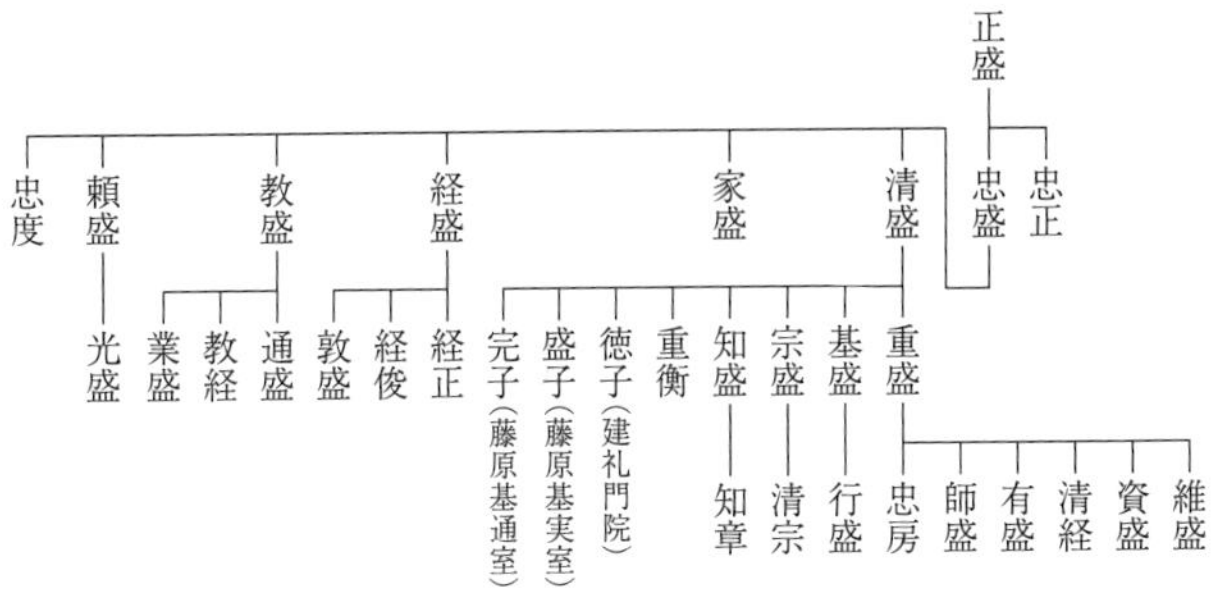

図1　平家略系図

代の后として著名な藤原多子《たし》に二十余年仕え続けた。歌の家として名高い六条（藤原）重家《しげいえ》や自選歌集『頼輔集《よりすけしゅう》』で知られる藤原頼輔らと親しく、重家は経盛が所持する『万葉集』の善本を借覧書写している。この風雅さが関係してか、平家一門中では宮廷の守護を担当する役割を負っていたらしい。

四男教盛は久安四（一一四八）年従五位下に叙され、保元・平治の乱をはさんで国守などを歴任。応保元（一一六一）年憲《のり》仁《ひと》親王（後白河第四皇子）の立太子を企てた陰謀に関係して官職を解かれる。翌年許され能登守《のとのかみ》・内蔵頭《くらのかみ》・東宮亮《とうぐうのすけ》を経る。仁安三（一一六八）年、憲仁が高倉天皇となって即位すると蔵人頭《くろうどのとう》（蔵人所の実質上の長官、二名制を原則にする）、そして参議になり正三位に進んだ。参議入りは四一歳で経盛よりだいぶ早い。母は少納言藤原家隆《いえたか》の娘で、経盛の母同様、忠盛との関係は長続きしなかったようだ。能登・越前の知行国主になっている。養和元年権《ごん》中納言、翌寿永《じゅえい》元（一一八二）年従二位、同二年正中納言に進んだ。権中納言は権官《ごんかん》の一種で、

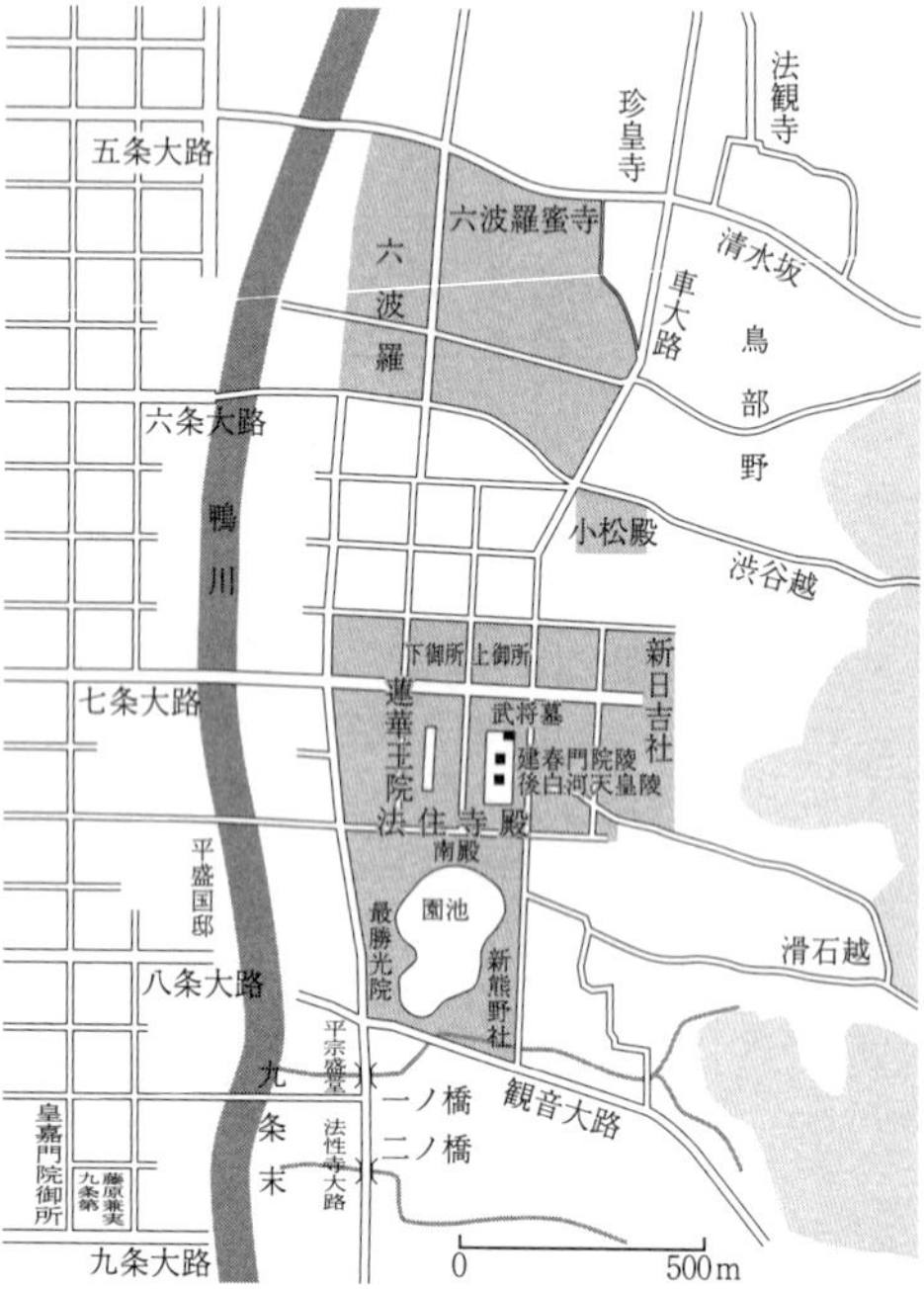

図２　六波羅と法住寺殿

律令制で定められた正官以外に、仮に任ずる官である。「権」は「仮に」を意味する。

教盛については、『源平盛衰記』に「（清盛は）兄弟多クオハシケル中ニ、コトニ此人《このひと》ヲバ糸惜《いとほしく》オボシテ、一日モ見ネバ恋《こひし》クヲボッカナ（覚束な）ケレバトテ、六波羅ノ惣門ノ脇ニ家ヲ造テ居《すゑ》置給《たま》ヒタレバ、異名ニ門脇宰相ト申ケル也」（巻六「丹波少将被召捕」）とある。そして仁安元（一一六六）年一〇月一〇日、憲仁親王が東宮（皇太子）に立った時、それを支える役所の長官（東宮大夫）には清盛がなり、次官たる亮には教盛が就任した。清盛が自分の兄弟と上司―下僚の関係になった例はほかにない。この人事は清盛の強い希望によって実現したと考えられる。両者が親愛の情で結ばれていたという『源平盛衰記』の記事は、事実を伝えているだろう。

なお、平家の拠点六波羅は、最盛期には北は六波羅蜜寺のある五条末《すえ》、つまり平安京五条大路（現松原通）を京外東方に延長したライン、南は同じく六条大路延長のラインで、南北約五〇〇メートルに及び、東西は現鴨川東岸約一〇〇メートルの地点から東に約六〇〇メートル以上、積算して「廿余町」の面積があった。この空間には一族親類から郎従眷属《けんぞく》の家々が密集して立ち並び、細かく数えれば「屋数三千二百余宇」に達した（延慶本巻七の廿四、図2参照）。六波羅には門脇中納言家の名称の由来であった「惣門」のほか、「南門」もあった。個別邸宅の門以外に、「惣門」「南門」があったのだから、六波羅全体が外塀によって延々と囲われていたのだろう。それまで平安京の内にも近傍にも、このような一門とその関係者が、大挙、凝集して住まいするゾーンは存在しなかった。筆者はこの特異な区画を、六波羅団地と呼んでいる。六波羅団地の中心は清盛の泉殿《いずみどの》で、父忠盛から与えられたものである。

池大納言家

五男頼盛も各国守を歴任。さらに越前・尾張・紀伊・加賀・佐渡の知行国主となる。説明が後先になったが、知行国とは、公卿の子弟や従者を実入りの多い諸国の守に任命し、実際にはその公卿に支配・統治の実権を握らせ、その間の収益をえさせた制度外の制度である。公卿のような高い地位の貴族は地方官には任じられない決まりであったが、国家財政が窮迫し、公卿・廷臣らへの俸禄が有名無実になってゆくと、その救済措置として一一世紀前半から見え始め、院政期には急速に普及する。知行国を与えられたのが知行国主である。

頼盛は仁安元年大宰府《だざいふ》の事実上のトップである大宰大弐《だいに》となり、同年八月従三位に進んだ。翌々年参議。この時三七歳だから教盛よりさらに若い。寿永二(一一八三)年正二位・権大納言に昇った。清盛の弟中もっとも栄進したのは彼である。

しかし、頼盛は清盛とそりが合わず、一門中に少なからぬ不協和音を奏でていた。平家の治承三年クーデタにあたっては、反対派公卿の大量解官《げかん》のなかに頼盛の右衛門督《うえもんのかみ》も入っており、彼を六波羅に討つとの噂さえ流れたほどである。序章で紹介したように、清盛は忠盛の長男で嫡子であるが、実子ではなく白河院の落胤。一方頼盛は『源平盛衰記』が「当腹ノ嫡子」と書く(巻一「忠雅播磨米」)。「当腹」とは嫡妻《むかいめ》(正妻)の子という意味で、忠盛の正室になった修理大《しゅりのだい》夫《ぶ》藤原宗兼《むねかね》の娘宗子《そうし》が生んだ子である。頼盛と母を同じくする兄に家盛がいたが、久安五年二月夭折《ようせつ》した。事実上の長子である。

母の宗子は白河・鳥羽院の代表的近臣、藤原顕季・家成らの縁者であり、頼盛自身も後白河院政期、院近臣や鳥羽と美福門院の間に生まれた八条院暲子《しょうし》に代表される女院勢力と政治的に連携していた。彼の妻は、八条院の乳母と法印寛雅《かんが》(鬼界島《きかいがしま》に流された俊寛僧都《しゅんかんそうず》の父)の間に生まれた娘である。

早くに母を亡くし後ろ盾をもたない清盛に比べ、頼盛は正妻の子であり十分なバックアップがあった。もし清盛が皇胤でなければ、また速やかな昇進を果たしていなければ、頼盛が一門の棟梁になったかもしれない。それが頼盛と彼の周辺にとっての不満のたねであったのだろう。そういうわけで伊勢平氏は、保元・平治の乱前後には、清盛と頼盛が二大内部勢力で、両者の関係は必ずしも良好ではなかった。

頼盛の母宗子を池禅尼《いけのぜんに》、彼の家を池大納言家というのは、彼らの六波羅の邸宅が池殿《いけどの》と呼ばれていたからである。池殿は京都東山の音羽《おとわ》川を水源とする池が評判で、清盛が忠盛から譲られた泉殿に匹敵する造り、由緒を誇っていた。泉殿は六波羅団地内の北に、池殿は南にあり、両者は一〇〇メートル以上離れていたらしい。清盛と頼盛は邸宅の面でも張りあっていたのである。

小松家という家

清盛の嫡子重盛は、久安六(一一五〇)年一三歳で六位蔵人となり、翌年従五位下に叙せられた。中務少輔《なかつかさのしょう》・左衛門佐《さえもんのすけ》・遠江守《とおとうみのかみ》と歴任し、平治元(一一五九)年平治の乱で軍功をあげ、伊予《いよの》守《かみ》に遷任した。『愚管抄《ぐかんしょう》』という鎌倉前期成立の史論書は、「重盛は敵に馬を射られたが、臆せず堀河の材木の上に弓を杖にして立ち、替わりの馬に乗っていたのも立派に見えた」とその勇姿を伝えている(巻五)。

応保《おうほう》三(一一六三)年正月従三位、長寛《ちょうかん》三(一一六五)年五月参議に列した。時に二八歳だから頼盛よりぐっと若い。いかに有力であっても、嫡流からはずれた叔父より、嫡流の嫡子が重んぜられるのは当然である。

仁安二(一一六七)年二月、重盛は父清盛が太政大臣に任じられると同時に、権大納言に昇った。同年五月一〇日、東海・東山・山陽・南海道の海賊追討使に補任されている。これは清盛の太政大臣辞任一週間前のことであり、国家軍制の統括責任者としての地位を、後継者重盛にとどこおりなく引き渡すためにとられた措置であろうか、といわれている。太政大臣辞任にともなって平家一門の公的代表、つまり氏長者も重盛に継承された。氏長者は一門中官位最上位者がなるのが決まりだからである。

仁安三年、清盛が出家入道し、さらにその翌年春、摂津福原に退いた。重盛は同年正月正二位に叙せられている。清盛に続いて憲仁の東宮大夫を務めたことへの賞としてで、先任者三人を飛び越えての昇進である。ところが、この時重盛も病によっていったん権大納言を辞任していた。彼は病がちだった。はっきりわかっている病名は脚気《かっけ》である。

図3　平家の西八条亭跡地中心部(平安京左京八条一坊一一町に相当，現在梅小路公園内)より北北東を望む(筆者撮影)

清盛の福原への退去にともなって、六波羅の泉殿も重盛が引き継いだ。清盛は六波羅では妻時子といっしょに住んでいたが、夫婦はともに泉殿を出て、かたや福原かたや西八条に居を移した。夫婦仲が悪かったわけではない。清盛は多情だが愛妻家である。西八条亭は平家の京都におけるもう一つの拠点であった。当時の市街地の南西隅にあたる。最盛期にはひかえめに見ても一二〇メートル四方の街区(町《まち》)四つ分がまとまった空間に、大小五十余棟の建物が並んでいた。中心は八条坊門櫛笥《くしげ》(図3参照)のそれ。もともと時子の持ち物で、清盛が福原から上洛した時は、必ず古女房のいる西八条に入った。一方、六波羅には徳子のお産見舞いの時以外、足を運んだ形跡がない。清盛夫妻は後継の氏長者重盛と、こういう形で完全に住み分けをしていた。

重盛は、嘉応《かおう》二(一一七〇)年権大納言に返り咲き、すぐ二度目の辞任をし、さらにもう一度権大納言に復帰している。そして正大納言を経て、右近衛大将・左近衛大将を歴任。安元三(一一七七)年には内大臣兼左大将となる。この間越前・丹後の知行国主だった。

彼の家を小松《こまつ》内大臣家という。名字《みょうじ》は、同一の氏から分かれ出て、その住む地名などをとった家の名で、貴族の場合だと京内外の本邸名を名乗った。重盛は小松殿(亭)である。延慶本には、小松殿が六波羅団地の「辰巳《たつみ》(東南)ノ角」にあるとしており(巻七の廿四、図2参照)、現在の京都市東山《ひがしやま》区常盤《ときわ》町付近である。だが六波羅での重盛の本邸は父から譲られた泉殿だから、重盛が住んだ小松殿は本当に六波羅団地東南隅のそれなのか、という疑問が湧く。じつは今日に残るもっとも古い平安京図(鎌倉前期以降成立)には、京内の八条大路北、堀河西の地に別の重盛の小松殿が記入されている。ここは西八条にも近い。小松家の名はこちらの小松殿からきているのではないか。

平家は白河院政期以来、院近臣の随一であった藤原顕季―家成―隆季《たかすえ》ら善勝寺流の人びとと連携しながら政界に進出した。小松家は、両者の関係の深さを平家一門中もっとも端的に物語る系統で、重盛は家成の三男で後白河近臣筆頭の成親《なりちか》の妹経子《けいし》を妻としていた。成親は平治の乱の際、藤原信頼に与《くみ》して解官されるが、重盛の縁者だったので死罪を免れている。

また序章で、平家は親平家の公卿たちを自らの政治的代弁者としていたと述べたが、重盛は多年左大臣を務めた大炊御門《おおいみかど》（藤原）経宗と親交が深く、妻経子と我が子宗実《むねざね》が経宗の猶子《ゆうし》（兄弟・親戚、または他人の子を養って自分の子としたもの。名義だけの場合も多い）になっていたほどである（図4参照）。重盛や弟の宗盛《むねもり》は有職《ゆうそく》（ゆうしょくとも、後述）の知識を彼から伝授されている。

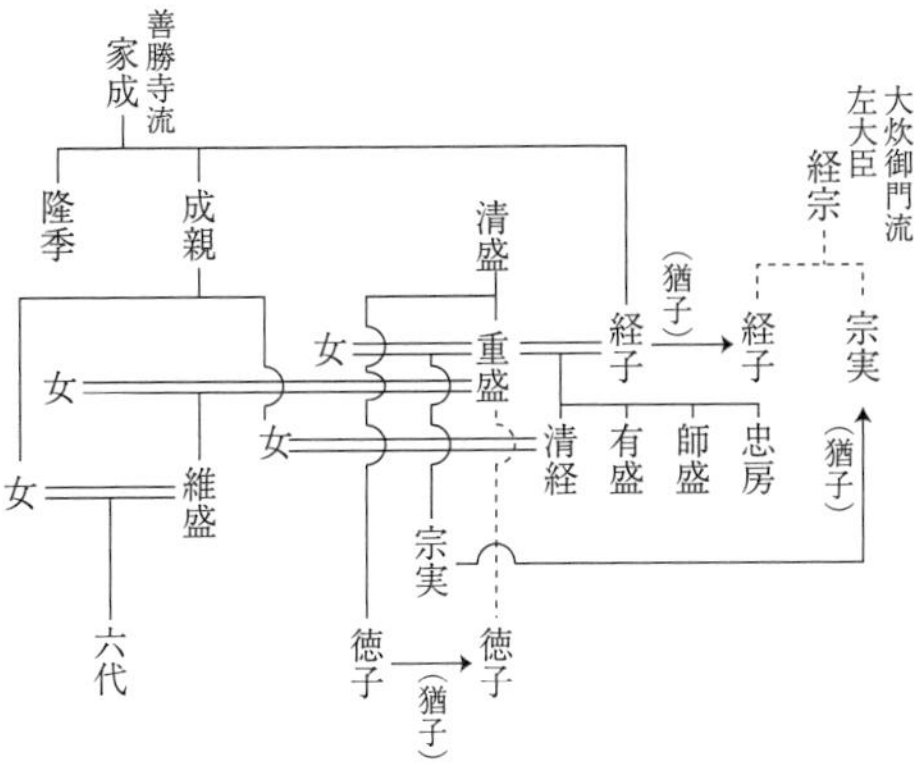

図4　平家と善勝寺流・大炊御門流の関係

殿下乗合事件

嘉応《かおう》二（一一七〇）年七月三日、法勝寺《ほっしょうじ》に向かう途中の摂政藤原基房《もとふさ》が重盛の次男資盛《すけもり》の乗る女房車に出逢い、礼を失した資盛の乗車が破壊され、「こと恥辱に及ぶ」事件が起こる（『玉葉《ぎょくよう》』）。基房はすぐさま乱暴を働いた舎人《とねり》（牛車の牛飼）・居飼《いがい》（厩舎で牛馬を世話する役）らの身柄を引き渡し、法に照らして事を処理するよう願った。重盛がこれを受け付けなかったので、摂政は重ねて随身《ずいじん》（摂関家などに出向し、従者化した近衛府の下級官人）や前駆《せんく》（騎馬で先導する者）

七人を自主的に処分し、舎人・居飼を検非違使に引き渡し遺憾の意を表した。それでも重盛は満足しない。七月一五日には法成寺《ほうじょうじ》におもむく途上の基房に恥辱を与える計画を立て、基房が外出をやめて難を避けると、一〇月に参内途中を武士に襲わせ、辱《はずかし》めを加えた。いわゆる「殿《てん》下乗合《がのりあい》」事件で、『平家物語』では清盛のしわざとし、「これこそ平家の悪行のはじめなれ」と断ずるが（巻一「殿下乗合」）、事実は重盛がやらせたことである。

重盛は『平家物語』では文武に優れ、運命を覚《さと》る「賢人」として描かれ、『愚管抄』でも「イミジク心ウルハシクテ」と評価されている（巻五）。「武勇時輩に軼《す》ぐると雖も、心操（性格）甚だ穏やかなり」と形容する歴史書もある（『百練抄《ひゃくれんしょう》』）。「穏やか」は静かで落ち着いている様子に加え、やり方が道理にかなったさまをいう。

鎌倉中期成立の説話集『十訓抄《じっきんしょう》』には、重盛が賀茂祭《かものまつり》を見物しようと、一条大路のあらかじめ都合の良いところに、空の牛車五両を並べて場所取りをさせておく話がある。作者は彼の威勢をもってすれば、どんな車もこれと争うなど考えられないけれど、車の立て場所の件で光源氏の愛人六条御息所《みやすどころ》が正妻の葵上《あおいのうえ》に辱められて生霊となった『源氏物語』の話もあり、人に迷惑をかけることがあってはならないと考えたからだと述べ、「さやうの心ばせ（心の持ち方）、情《なさ》け（人情味）ふかし」と結んでいる（一ノ二十七）。

しかし、重盛には殿下乗合事件のように、我が子に加えられた恥辱を「フカクネタ（妬）ク思」い(『愚管抄』巻五)、三カ月もたち相手が忘れたころ報復を加えるなど、執念深い一面もあった。彼の母は、摂関家大殿の忠実が右近将監高階基章《たかしなのもとあきら》の妻という身分低き人妻に生ませた不倫の子である可能性が高く、それが真実なら基房と重盛は忠実の孫同士にあたる。清盛自身が白河法皇の落胤であるから、院政期の人間関係はまことに淫靡《いんび》であるが、重盛の行動は、母の出生の秘密から摂関家にこだわりをもっていて、チャンスとばかりに派手なうさ晴らしを行なった、とも解釈できる。ちなみに、忠実も相当に「執《しふ》(執着)フカキ人」だから(『愚管抄』巻四)、これは祖父からのあまりありがたくない遺伝であろうか。

維盛は嫡子か

重盛の長子が維盛である。彼の生年については諸説ある。平安末・鎌倉初期の政界の重鎮で、当時右大臣だった九条兼実《くじょうかねざね》(藤原忠通の三男)の日記、『玉葉』の承安二(一一七二)年二月一二日条には、一四歳とある。すると平治元(一一五九)年生まれで、史料価値の高さの点でこれに軍配をあげたい。そして仁安二(一一六七)年二月七日、東宮のこの年の御給《ごきゅう》で従五位下の位に任じられた。当時朝廷には御給(年官・年爵などとも)という制度があった。それを与えられるのは院・宮などで、これを給主《きゅうしゅ》という。給主は自己に与えられた官・位を希望者に売り、買った者をそれぞれ任官・叙位させた。売官制の一種である。この時の売り主である東宮は、後白河と平滋子の間に生まれた憲仁親王である。五位以上の官人が貴族であるから、維盛も九歳にして貴族社会デビューを果たすことになった。

仁安四年正月五日従五位上に昇り、翌嘉応二年一二月三〇日には右近衛権少将に任じた。中将・少将は近衛府の次官で、その名もいかめしい肩書きだが、それ自体にはとうに武力統率者という性格が失われており、名門貴族の出世コースの一階梯になっていた。維盛の任官は、父重盛の二度目の権大納言辞任と引き替えの人事で、こうしたやり方は子弟を引き立てる当時の常套法だった。さらに翌年四月七日の臨時の除目で正五位下に昇った。

承安元年一二月、清盛の娘徳子が高倉天皇に入内する。清盛は摂津福原に退隠を決めこんでいるので、重盛が義妹徳子を猶子とし、自ら差配して入内させた。同月二六日は今日の披露宴にあたる露顕《ところあらわし》の日で、この日女御《にょうご》(天皇の正式の妻)の宣旨が下され、結婚が認知された。重盛は新夫婦に食べさせて契りの長久を祈る小餅(三日餅《みかのもちい》)を準備し、維盛に天皇の寝所、ついで徳子のところまで運ばせている。

翌年正月一九日、高倉天皇は父後白河法皇の院御所(法住寺殿、図2参照)に年頭恒例の行幸を行なった。院御所には一門の公卿たちが続々つめかけ、重盛は天皇の食事の給仕を務めている。普通は蔵人や女房が奉仕する役である。その後御遊《ぎょゆう》(宮中の音楽の遊び)があって、拍子・琵琶・箏《そう》・笛・笙《しょう》・篳篥《ひちりき》など管弦の楽が演奏された。維盛は芸能を買われて召しだされた一人として、付歌《つけうた》(管弦の楽につけ添えて歌う歌)を歌っている。

二月一〇日には徳子が中宮に立ち、中宮にかんする事務をつかさどる中宮職《しき》という役所が開設された。職員には、長官の大夫、次官の亮以下が置かれる。この時大夫に平家に近しい善勝寺流の四条(藤原)隆季、権大夫は滋子の異母兄平時忠《ときただ》、亮は重衡で、維盛は権亮に任ぜられた。以後維盛は権亮少将の呼び名で呼ばれる。重衡は二歳年上の叔父であり、彼との公的な接触は、中宮職での同僚という形で始まる。

こうして見てくると、維盛の昇進は順調のようだ。『平家物語』は維盛が重盛の嫡子である

表2 小松家公達(付、清宗)昇叙一覧(それぞれの叙位の年を示す)

	維盛 平治元年(一一五九)生まれ	**資盛** 応保元年(一一六一)生まれ	**清経** 長寛元年(一一六三)生まれ	**清宗** 嘉応二年(一一七〇)生まれ
従五位下	九歳 仁安二年(一一六七)	六歳 仁安元年(一一六六)	?	三歳 承安二年(一一七二)
従五位上	一一歳 仁安四年(一一六九)	九歳 仁安四年(一一六九)	四歳 仁安元年(一一六六)	四歳 承安三年(一一七三)
正五位下	一三歳 嘉応三年(一一七一)	一五歳 安元元年(一一七五)	五歳 仁安二年(一一六七)	七歳 安元二年(一一七六)
従四位下	一五歳 承安三年(一一七三)	一九歳 治承三年(一一七九)	一五歳以前 治承元年(一一七七)	一〇歳 治承三年(一一七九)
従四位上	一八歳 安元二年(一一七六)	二〇歳 治承四年(一一八〇)	一六歳 治承二年(一一七八)	一〇歳 治承三年(一一七九)
正四位下	二〇歳 治承二年(一一七八)	二一歳 治承五年(一一八一)	二一歳? 寿永二年(一一八三)	—
従三位	二三歳 養和元年(一一八一)	二三歳 寿永二年(一一八三)		一一歳 治承四年(一一八〇)

ことを強調しており、それなら当然だろう。しかし、一部の研究者がすでに指摘しているように、有力な反証がある。表2に重盛の子息たちの位階の昇叙ぶりをまとめてみた。すぐ下の弟の資盛は比較的信頼できる『職事補任《しきじぶにん》』という蔵人の官員録では、寿永二(一一八三)年に蔵人頭になった時が二三歳とある。だから応保元(一一六一)年の生まれ。第四子の清経《きよつね》は『平家物語』でも中院《なかのいん》本という語り本系テキストに、寿永二年秋、九州の海で入水した時が二一歳とある。長寛元(一一六三)年生まれか。

以上を前提に年齢を加味した相対比較をすると、当初は清経の昇進が断然早い。禁色《きんじき》を許されたのも長兄の維盛より一足早い。天皇・皇族など貴人の服色をそれ以外の身分の者が使用するのは厳禁されており、これを禁色という。摂関家の子弟は一〇歳前後の元服の際にその規制を解除される(禁色を許される)、「禁色の宣旨」を賜わった。清経の羽振りのよさは、承安四(一一七四)年一二月、関白基房が我が子隆忠《たかただ》の少将任官を望んでいたところ、清経が左近衛権少将になったので、腹を立て除目の途中で退出したという事実が伝えられているほどである。

清経は重盛と成親の妹経子の間に生まれた長子である。同腹の弟に有盛《ありもり》・師盛《もろもり》・忠房《ただふさ》がいた。経子は左大臣経宗の猶子、加えて高倉天皇の乳母でもある。承安元年には「大納言三位」と呼ばれており(『兵範記《ひょうはんき》』一二月二六日条)、少なくとも従三位までは昇った有力な女性だった。当時は母の門地がその子の嫡・庶を決定する。清経は「当腹」、嫡妻の子と呼ばれている(『山槐《さんかい》記《き》』治承三年六月四日条）。以上どこから見ても、重盛の嫡子は清経だった。

資盛について

資盛の母は、『尊卑分脈《そんぴぶんみゃく》』という系図集に下総守藤原親盛《ちかもり》の娘で「二条院の内侍《ないし》」とある。当時の貴族の日記に「故小松内府の妻 掌侍《ないしのじょう》」と記されている女性である（『吉記《きっき》』寿永元年正月二五日条）。掌侍は内侍所《ないしどころ》という後宮をつかさどる役所の三等官で、彼女は二条天皇に仕えていた女官だろう。父については親盛の兄の親方《ちかかた》と伝える史料もあり、兄の死後親盛が養育したのでは、と考えられている。

親盛が下総守であったことは裏づけになる確かな史料を欠いているが、親方は間違いなく下総守に任じられて、その父も下総守を経験した。親方・親盛兄弟は保元の乱の敗者である摂関家の頼長に従っていた時期もあったが、平治の乱後は娘を二条天皇の後宮に仕えさせ、また伸張著しい平家との結びつきを強めている。親盛（親方）の娘が資盛の母であるだけでなく、親盛の男子も清盛の姉妹の婿《むこ》になった。時流に棹さしながらこまめに点数を稼ぎ、かえって立場を強化したわけである。

彼らは平家の盛んな時その威光を借りながら、下総現地で国守に匹敵するほどの実力を発揮し、ついに武力まで組織した。受領クラスの下級貴族が下総国守に任じられたのを機に、房総地方に三代にわたって勢力を扶植し続けたわけで、野口実氏はこれを「下総藤原氏」と呼んでいる。

資盛の母は重盛の妻とも妾とも見えている。こういう存在を妾妻《しょうさい》という。妻の字がついているけれど妻ではない。要するに妾《しょう》である。妾は後世のメカケとは違って一応世間的に認められた存在である。『源氏物語』の女三宮降嫁後の紫上《むらさきのうえ》がこれにあたるだろう。一方維盛の母は「官女」とある。宮中などに仕える女性、宮仕えの女官のことであるが、父母の名も知られていない。その事実と重盛の門地を天秤にかければ、彼女は実質召人《めしうど》である。主従関係にある男女で、世間的には主人と使用人の関係に過ぎない。ちなみに源義経《よしつね》の母常盤《ときわ》はさらに二ランクほど下がる召使女(雑仕女《ぞうしめ》)である。

資盛が重盛の第一子でないにもかかわらず、五位に叙せられた年が維盛より三歳も若いのは、母の出自や実家の実力差であろう。『玉葉』には、資盛は嘉応二(一一七〇)年の時点で「重盛卿の嫡男」と見える(七月三日条)。しかし資盛の母の社会的地位は清経のそれにははるかに及ばない。「嫡男」は兼実の勘違いか不正確な情報によるものだろう。

このように、生まれの点で劣っていた維盛が、資盛を官位で抜き返したのは、嘉応二年の殿下乗合事件が関係するかもしれない。この時重盛の狼藉は不問に付されたが、事件の発端になった資盛の非礼が、彼の前途に影を落とした可能性はあるだろう。他方維盛はつぎに述べるように、平家の遊宴の場での広告塔の役割が回ってきたこと、そしてなにより成親の婿になったのがプラスに働いたに違いない。

青海波舞

維盛にあって資盛・清経に足りないものは、「昔今見る中に、例《ためし》もな」き美貌だった（『建礼《けんれい》門院右京大夫集《もんいんうきょうだいぶしゅう》』二一五番歌詞書）。維盛は立ち居ふるまいも優美、早くから貴族社会で注目の的だった。たとえば、承安二（一一七二）年二月一二日、徳子が中宮に立った三日目に、彼女の外出時の警固役を務めることになる諸衛府の次官を招いた酒宴が行なわれた。主賓に酒盃を勧める勧盃《けんぱい》役を務めたのは、中宮権亮の維盛で、故実先例作法にうるさい九条兼実が「年少と雖も〈十四と云々〉作法優美、人々感歎」と手放しでほめている（『玉葉』）。

また承安五（一一七五）年五月二七日に建春門院（平滋子）の百日にわたる懺法《せんぼう》（自分の犯した戒律上の罪を告白して懺悔する仏教儀式）が無事結願を迎えた。彼女の持仏堂である東山の最勝光院内小御堂（二六頁図2参照）にはあまたの公卿貴族が参集したが、兼実は少将維盛が「衆人の中、容顔第一」だと感心している（『玉葉』）。よほど人目をひいたようだ。

彼の前半生、いや全人生の輝かしい絶頂は、一八歳の安元二年晩春に訪れた。同年三月四日から六日にかけて、後白河法皇の五〇歳を祝う宴が、法住寺殿の南殿《なんでん》において催される。同様の賀宴は白河・鳥羽両法皇の時も行なわれ、今回は白河の時のそれを模している。前年から二度の試楽《しがく》（予行演習）を含む入念な準備が積み重ねられ、高倉天皇・中宮徳子・上西門院《じょうさいもんいん》（後白河の同母の姉）の来駕もあった。

　三代続いた五〇の賀宴のクライマックスこそ、三日目の後宴における青海波《せいがいは》の舞である。青海波は舞楽の曲名で、盤渉調《ばんしきちょう》（雅楽の六調子の一、西洋音楽のロ短調に相当）の曲、輪台《りんだい》という序と青海波の破《は》（中間の楽章）の二楽章からなる。どちらも中国西域の地名を楽名に冠したもので、青海（現中国青海省《せいかいしょう》東部）より唐に渡り、さらに我が国に伝わる。平安前期に改修、その後も多くの補修がほどこされ、艶麗な純日本風の舞楽になった。

　青海波には、さまざま特殊な演出があった。垣代《かいしろ》もその一つである。反鼻《へんび》という木片を打ち鳴らす人びとが、舞人と同じ装束で、垣のように舞人を囲んで立ち並ぶことをいい、総勢四〇人という大がかりなもの。舞を専門とする官人だけでは足りないので、左右近衛府官人・滝《たき》口《ぐち》・北面《ほくめん》の武士たちを参加させたが、院政期にはとくに選ばれた公卿の子弟が、事前の教習を経て臨んだ（図5参照）。

　楽屋から出た舞人以下の行列は、南面する天皇や院らの座前を通って、庭上を左回りに円を描くように廻る（大輪《おおわ》）。次いで東西に二つの輪をつくる（小輪《こわ》）。輪中で舞人が装束を改め、つぎに輪を解き垣代が一列に並ぶ。そこから四人出て序の輪台を舞い、次いで二人出て破の青海波を舞う(図6参照)。後者の西の舞人が上席の維盛、東の次席が右少将成宗《なりむね》(成親の次男)である。

権亮少将(維盛)、右の袖を肩脱ぐ。海浦《かいぶ》(大波・魚・貝など海辺のさまを表す文様)の半臂《はんぴ》(束帯の時、袍《ほう》と下襲《したがさね》との間に着る胴着。舞楽装束のものは狭い袖をつける)。螺鈿《らでん》の細太刀、紺地の水

図5　垣代(故実叢書『舞楽図説』)

図6　青海波を舞う光源氏と頭中将(『源氏物語図色紙』「紅葉賀」堺市博物館所蔵)

の紋の平緒《ひらお》(儀仗《ぎじょう》の太刀を佩用《はいよう》する時に使用する、幅広で平たく編んだ組紐)、桜萌葱《もえぎ》の衣《きぬ》(衣冠の装束)、山吹の下襲、やなぐゐを解きて老懸《おいかけ》(武官の冠の左右につけた飾り。馬の尾を用い、一端を編んで扇形に開いたもの)を懸く。山端近き入日の影に、御前の庭の砂子《すなご》ども白く、心地よげなる上に、花の白雪空に時雨《しぐれ》て散りまがふ程、物の音もいとどもてはやされたるに、青海波の花やかに舞出たる様、維盛の朝臣の足踏み、袖振る程、世の景気《けいき》、入日の影にもてはやされたる。似るものなく清ら也。

『安元御賀記《あんげんおんがのき》』が語る維盛の晴れ姿である。賛美は維盛一人に寄せられただけではない。垣代には知盛《とももり》(清盛の四男)・重衡・通盛《みちもり》(教盛の子)・清経・保盛《やすもり》(頼盛の子)ら平家公達が加わり、楽屋入りには重盛が、左衛門督宗盛(清盛の三男)・検非違使別当時忠・右兵衛督頼盛・参議教盛・従三位藤原信隆《のぶたか》(清盛の婿)ら一族の公卿を引き連れた。居並ぶ平家公達の華やかで盛んなさまは、維盛の舞を引き立て、相乗効果で平家全盛を印象づけ、青海波舞が平家から後白河への献呈品であることを誇示した。

この日自らも琵琶を弾じた兼実の日記には、維盛や平家の人びとへのほめ言葉は見えない。しかしその実、維盛の舞に深く感銘を覚えたことが、一カ月半前の正月二三日、院の御前での試楽への感想にうかがえる。維盛はその時も成宗と舞ったのだが、「相替り出で舞ふ、ともにもつて優美なり、就中《なかんづく》維盛は容顔美麗、尤も歎美するに足る」と書かざるをえず、また本番の舞でも「皆試楽の如し」とある（『玉葉』）。

光源氏の再来

この日、維盛は貴族社会で光源氏の再来との評価をえた。建礼門院徳子に仕えた右京大夫《うきょうのだいぶ》と呼ばれた女性の家集に、『建礼門院右京大夫集』（以下『右京大夫集』と略記）がある。愛人であった資盛の忘れえぬ思い出を軸に、率直に心情を述べた歌が多い。長文の詞書と歌とが結びつき、女房日記的な性格を有する個性的な家集である。その二一五・二一六番歌の詞書によれば、維盛の青海波を舞う姿を、人びとが「光源氏の例《ためし》も思ひ出でらるる」と賞賛し、光源氏を思い浮かべて「花のにほひもげにけおされぬべく（花の色つやもこの君の美しさに圧倒されてしまいそうだ）」などと取りざたしたという。

作者の右京大夫は、史上初の『源氏物語』の注釈書『源氏釈《げんじしゃく》』を著した世尊寺《せそんじ》（藤原）伊行《これゆき》の娘である。亡くなった資盛からの手紙などを漉き返し、写経の材料にして追善供養をした折の記事に、「源氏の物語にあること、思ひ出でらるるも」（二二九番歌詞書）とあり、光源氏が亡くなった紫上の手紙を焼いて処分した場面（幻巻）を想起するなど、その教養の核心は『源氏物語』にあった。「花のにほひもげにけおされ」の句も花宴巻からとられたものである。

光源氏の例を想起したという前記の印象も決して突飛なものではない。そもそも白河・鳥羽・後白河三上皇それぞれの五〇賀における、天皇の行幸と青海波の上演、その演出法は、いずれも『源氏物語』の紅葉賀巻が先例になり、それをいやが上にも盛大・優美に再現するものだった。というより、この演目の上演記録を見ても、長寿の祝いという場で上演するようになるのは、すべて『源氏物語』以後、白河のそれが最初だった。

安元の賀宴の実行責任者を務めたのは、院の別当・権大納言四条隆季《たかふさ》だった。そして維盛の晴れ姿を描いた『安元御賀記』の作者は、その子で当時右少将の隆房といわれてきた。もっとも近年文学研究者の間では、隆房の日記をもとにした『安元御賀記』(定家本)はずっと淡々としたもので、現在一般に流布している『安元御賀記』(『群書類従《ぐんしょるいじゅう》』二十九輯)は、平家一門の華やかな活躍ぶりをきわだたせる意図でもって、承久の乱後から一四世紀前半までの間に大幅に増補されたもの、という見解が支持されている。だから同記の賀宴における平家への過剰なまでの賛美は、史実としては割り引かねばならない。だとしても、隆季が青海波の上演に深く肩入れをし、その準備段階から紅葉賀巻の映像と重ねあわされるよう入念に企画していったこと自体は動かない。

『源氏物語』をなぞる

右京大夫をはじめ人びとが維盛の舞に感嘆したのは、彼の舞が見事だったからに違いないだろう。加えて『源氏物語』の紅葉賀をなぞっていることを、みながあらかじめ承知していたからこそ、その感興、効果はいやました。

光源氏の青海波舞は、朱雀院《すざくいん》への行幸時に演じられるのが予定されていた。桐壺帝は藤壺が懐妊中で見られないのを残念がって、試楽としてこれを催す。だから現実の院の五〇の賀宴の試楽も単なる予行演習ではない。藤壺の懐妊は、いうまでもなく源氏との密会の結果である。源氏は良心の呵責に耐える彼女の視線を感じ、帝への挑戦とやましさ、藤壺への思慕の心で思い乱れながら、たとえようもない見事さで舞い終えた。その薄氷を踏むがごとき緊迫感こそが、紅葉賀巻の青海波舞を、『源氏物語』全巻中のクライマックスシーンにしているわけである。

デジャヴュというフランス語があり、既視感と訳される。初めての体験を、以前にも経験したように感じるあの感覚をいう。観客は維盛の舞に触発され、自分は以前光源氏の舞姿を見たことがあるのではないかという気分に襲われ、王家内の密事を暗示させる不吉さにおののきながら、しかも物語の舞台になった王朝盛時への愛惜と、繰り広げられる眼前の光景の見事さへの感嘆がないまぜになり、危険で甘美な陶酔に酔い痴れていたのであろう。

王朝儀礼の中にはめこまれた青海波舞のもつ意味は、几帳《きちょう》の内で『源氏物語』を読む悦びとはまったく次元を異にする。それは、政治権力者が、倫理を超越して自己を主張し、我が力を誇示する手段として用いられた。それを自らのために利用した権力者には、鎌倉時代以降も、後嵯峨《ごさが》上皇、後醍醐《ごだいご》天皇、足利義満《よしみつ》、足利義教《よしのり》、徳川秀忠《ひでただ》・家光《いえみつ》など極めたるビッグネームが続く。が、ここではそれらにふれる余裕はない。政治世界での青海波舞上演の意味については、三田村雅子氏の『記憶の中の源氏物語』という刺激に満ちた大著を参照されたい。

維盛を光源氏になぞらえる文学的趣向は、平家滅亡後顕著になった。たとえば『右京大夫集』からの影響が指摘されている、鎌倉末期から南北朝期成立の作品に『平家公達草紙』がある。平家一門にまつわる佳話哀話を集めたこの草紙に登場する維盛像は、まさしく光源氏そのものである。また『平家物語』は、維盛を「内裏の女房達の中には、「深山木《みやまぎ》のなかの桜梅とこそおぼゆれ」なンど言はれ給ひし人ぞかし」（巻十「熊野参詣」）と紹介している。これは『源氏物語』紅葉賀巻の、「源氏の中将の君はその日、青海波を舞われた。そのお相手は左大臣家の頭中将《とうのちゅうじょう》である。容貌も心配りも人には優っているのに、源氏の君と立ち並んでは「花のかたはらの深山木なり（桜花の傍らの深山木同然で色香なく見える）」」を、表現面で踏襲しているのである。

歌の道には……

維盛の実像にもどろう。『右京大夫集』の、平家の西八条亭に中宮徳子が行啓、一門が参集した徹夜の宴を描いた箇所では(九五〜九八番歌の詞書)、維盛は朗詠をし笛を吹いている。朗詠は、漢詩の一節に雅楽風の旋律を付し、楽器の伴奏で謡《うた》う宮廷歌謡である。笛の方は彼の得意技だった。治承三(一一七九)年二月二二日、東宮言仁《ときひと》(のちの安徳天皇)誕生百日の祝いの席で、拍子・笙・笛が奏された。笛については高倉天皇近習の藤原泰通《やすみち》が事前の命で準備していたが、その場で維盛が望んだので、たちまち彼に変更したという。付歌・朗詠といい笛といい、彼の才能は音楽の方面にあった。舞踊も得意だったのは、リズム感のよさと関係あるかもしれない。

ところが『右京大夫集』の前出西八条亭の宴を描いた箇所では、明け方に和歌を詠む段になり、維盛も求められたが、自分のように歌も詠めないものは何としようとしりごみをする。さらに責め立てられて「心とむな思ひ出でそといはむだに今宵をいかがやすく忘れむ(心にとどめておくな、思い出すなといっても、どうして今宵のことはたやすく忘れることがあろうか、まして心に刻んでおけといわれたのですから、決して忘れはしません)」と詠じた(九七番歌)。別の箇所で右京大夫が資盛の兄という親しさゆえに、維盛に恋人につれなくしないようにと歌で注意したところ、彼がよけいなおせっかいですね、自分のような歌の道に暗い身には何と返事してよいかわからないのです、といい返す場面が見える(一八七〜一九二番歌)。

どうやら和歌は苦手の口だったらしい。当時の優なる貴族としては大きな欠格であるが、右京大夫には、日ごろあこがれの維盛のほほえましい一面として、許す雰囲気が感じられる。これらによれば、維盛が光源氏と合致するのは、おもに外見の印象であって、内面は案外不器用な、きまじめ人間だったらしい。

雪の朝の狩猟

もとより彼は武家の子、武芸の鍛錬という面はどうだろうか。

『山槐記』治承二(一一七八)年正月二三日条によると、その大雪の朝、権中納言の中山(藤原)忠親《ただちか》は鞍馬《くらま》寺参詣のため、賀茂別雷社《かもわけいかずちしゃ》(上賀茂《かみがも》神社)の東、「美土呂《みどろ》坂」を越える道を北上した。峠にさしかかって維盛率いる狩の一団と出逢う。忠親の証言では、馬上の維盛は、折烏帽子《おりえぼし》をかぶり直垂《ひたたれ》を着て、小袴(指貫《さしぬき》)に行縢《むかばき》(鹿・熊・虎などの毛皮で腰から脚の覆いにするもの)姿であった。前後には騎馬の侍が五人あり、また十余人が坂(峠)を北に下った幡枝《はたえだ》堂で下馬し休憩していた。猟犬も一五匹連れている。聞けば、明け方鞍馬の入り口である市原野《いちはらの》で狩をしたという。維盛は忠親を見て下馬し、忠親も乗っていた輿《こし》を地面に降ろさせた。維盛が力者《りきしゃ》(力仕事をする雑役の者)を貸してくれたので、深雪にもかかわらず無事峠を越えている。

右の『山槐記』の記事、じつは『平家物語』が殿下乗合事件を叙述する際のヒントになったと考えられる。覚一本では、雪がはだれに降った日、蓮台野《れんだいの》や紫野《むらさきの》でひねもす鷹狩に興じた資盛と若侍の一行が、摂政基房の行列に出逢ったのに下馬しなかった、その無礼を咎《とが》めた摂政の供が、夕まぐれの暗さのなかで、知ってか知らずか、資盛らを馬から引きずり落とし、恥辱を与えた形になっている。

四位以下の者が戸外で最上流貴族に逢えば、馬より下りねばならぬ決まりがあった。五位の資盛が従一位の摂政に下馬するのは当然である。鷹狩帰りの部分は文学的な仮構と思われるが、同じ雪の日の忠親は四八歳の従二位、維盛は二〇歳で従四位上、日ごろ平家に親しい親子ほど年の違う年長の公卿に敬意を表したわけである。

狩は武士の軍事訓練の機会だった。とくに追物射《おものい》と呼ばれる弓射術は、馬上で鐙《あぶみ》を踏ん張り前傾姿勢で立って、逃げる左前方の獲物に矢を放つ術をいう。この時、自分と獲物の相対速度は対向の場合と違ってずっと小さくなるし、狙いをつける余裕もあるから、あたる確率ははるかに高くなる。

維盛の一行は鹿二頭、猪一頭、鶉《うずら》一羽の獲物をともなっていた。弓を朸《おうご》(天秤棒)代わりにし、また竿を使って獲物を荷なっていたという。鹿や猪は前足・後足をそれぞれ縛り竿を通して逆さにぶら下げ、鶉は弓にくくりつけていたのだろう。しかもどうやらこれが獲物の全部ではないらしく、鹿は五頭射たという。夜明け前から寒さものかは白銀の市原野にくり出し、大猟に意気揚々引き上げるところを、忠親に出逢ったのである。武門の若者が狩猟にいそしむのはあたりまえといえばそれまでであるが、知られざる彼のマッチョな一面であろう。

もちろん治承四(一一八〇)年に始まる内乱以前、実際に兵を率いた経験もある。雪の狩の前年四月、安元の強訴と呼ばれる事件が起こった。延暦寺衆徒が当時の内裏(閑院内裏《かんいんだいり》)に押しかけ、加賀守藤原師高《もろたか》の配流を訴えた事件である。事件はやがて天台座主《ざす》(延暦寺のトップの僧)明雲《みょううん》の配流や鹿ケ谷事件へと発展してゆくが、その少し前の五月一三日、延暦寺僧徒が前座主明雲流罪を拒否して蜂起、院の御所に参上する。この時天皇を守るため、小松家の維盛は郎従十余人とともに閑院西側の二条堀川から、また伊藤忠清《ただきよ》は東側の東三条殿跡地で郎等五〇人ばかりを率い待機した。伊藤忠清は本名忠景《ただかげ》、のちに上総介忠清と呼ばれる平家の有力郎等で、以前から重盛の軍事指揮の実際を担当していた。維盛と資盛の兄弟は交代で警衛を続けていたらしい。

維盛は臆病か

維盛に武門の子弟として、首をかしげるふるまいがなかったわけではない。毎年二月・一一月に行なわれる奈良春日社の祭を春日祭という。春日使はこの祭に遣わされる勅使のことで、おもに藤原氏出身の近衛中将・少将のなかから選ばれる。承安四(一一七四)年一一月一三日の時は維盛が使いに立った。ところが、彼は京都・奈良間の交通の要所である丈六堂《じょうろく》(現京都府城陽市大字奈島《じょうようなしま》)までは行ったが、病と称し無断で引き返してしまう。『玉葉』によれば、「平将軍（重盛）の郎従等と堂衆騒動のことあり」を理由に、興福寺大衆が蜂起し、それに恐れをなしての帰洛だという。

これは、以前重盛の家人である伊賀国の住人と春日社の神人《じんにん》（神社の神事および日常の雑役に奉仕する下級身分の神職・手工業者ら）との間にはげしいいさかいがあり、その結果神人が殺害された。春日社は犯人の処罰を要求したが、裁判結果のしらせもなく月日が過ぎた。どうやら重盛は強く自説を主張し、裁判に至らないまま事件を終わらせようとしたらしい。それで承安二年一二月二四日、春日社と一体であった興福寺の大衆六〇〇人が蜂起し上洛を企てた。重盛は、これにも武士を派遣して道々で防御させた。その時の遺恨がこの度の蜂起の原因だったのである。

維盛と同時に派遣された中宮の使いも木津（現京都府相楽《そうらく》郡木津町）から帰京したが、かたや右《う》中弁重方《ちゅうべんしげかた》という中流文官貴族の子、こちらは今をときめく武門の一員であり、弁解しにくいふるまいであろう。ただし、この件を伝えた『顕広王記《あきひろおうき》』同月一三日条裏書に、大衆たちが「近衛使を追ひ帰すべ」しと叫び、それは「長者殿（基房）のおんために無礼の人」だから、とあるのが注意をひく。春日社は藤原氏の氏社である。四年前に藤原氏の氏長者、摂政藤原基房が殿下乗合事件で恥辱に堪えた記憶もまだ生きていた。一五歳、満では一四歳という中学二年生の年ごろの少年が、前々年のトラブルに加え、我が長者の怨みを晴らさんと迫る大衆の集団を思い浮かべた時、前途に恐怖をいだいたのはいたしかたないし、おそらく実際にはとりまきの郎等たちが強く帰洛を進言したのだろう。

重盛の苦悩

安元三(一一七七)年六月に突発した鹿ヶ谷事件は、権大納言藤原成親・僧西光《さいこう》・俊寛僧都らが会合して、平家を滅ぼそうと謀ったとされる事件であり、平家と後白河院勢力間の隠然たる抗争が顕在化した最初である。この結果、後白河近習の筆頭であった成親は、配流されほどなく惨殺された。

清盛が成親に憎悪の念を燃やしたことは、重盛の立場を苦しくした。彼は成親配流の数日後、兼任していた左近衛大将を辞任し、また翌年二月八日には内大臣を辞する意思を表明した。左近衛大将の辞任は、小舅の逮捕・流罪を断行した清盛への抗議の意味があろう。事件発生の引き金になった延暦寺大衆のさまざまな示威行動にたいし、父が延暦寺と事を構えるのを嫌ったため、王朝最高の武官職にありながら有効な軍事的役割を果たせなかったことへの、無念の表明でもある。父の命に従順だった重盛にとっては、精一杯の抗議といえる。

『平家物語』の重盛は、事件の際、朝恩の重さを説き、聖徳太子十七条憲法の第十条を引いて君臣の和を唱え、敢然と父に抵抗した(巻二「教訓状」)。これらには後世の伝承が濃厚に付着している。けれども鎌倉初期成立の一二巻本『表白集《ひょうびゃくしゅう》』という書物に、重盛が承安五（一一七五）年から安元三（一一七七）年の間に四天王寺で行なわれた（あるいは行なう予定だった）万灯会《まんどうえ》の施主になっていたことを示す表白（法会を行なう時、その趣旨を本尊および大衆に告白すること。またその文）が収められている。万灯会は、近年では過ぎゆく夏の夜を幻想的に彩る観光・地域興し行事として催されているが、本来懺悔《ざんげ》・滅罪のために、仏・菩薩に一万の灯明を供養する法会だった。

実施の場所たる難波の四天王寺は聖徳太子信仰の中心である。牧野和夫氏は、同表白から、「彼（重盛）が忠臣であったとの評判や聖徳太子信仰（四天王寺）との関わりなど」は、「ほぼ正確な史実だろうという結論を引き出し、その後さらに、表白は仁和寺周辺に蓄えられていた重盛存生時あるいは没後の、『平家物語』以前における「あるべき「重盛」の姿」、「〝晴れ〟の〝重盛像〟」を示している、と分析を深めている。

一方、『平家物語』巻三の「灯炉之沙汰」には、晩年の彼が京都東山の麓に阿弥陀の四十八願になぞらえた「四十八間（一二間四方）」の御堂を建て、一間ごとに灯籠一つを懸け、また毎月一四・一五日には、一間に六人ずつ、合計「二百八十八人」の若く美しい女房たちを集めて念仏を唱えさせたとある。「灯炉之沙汰」は、語り本では覚一本系の諸本と、読み本系では成立の後れる『源平盛衰記』だけにしか見えない説話である。

「灯炉之沙汰」が史実でない、とは諸氏の指摘するところだが、以前筆者は重盛の四天王寺万灯会表白からえた印象を換骨奪胎したものだ、と論じたことがあった。それは、情景がかもしだす両者の相似性からである。遺された重盛の表白を目にした後世の人は、それが実際に行なわれたことを疑わなかっただろうし、またそこから自然に、多数の人びとの喜捨があり、美麗な灯籠の火影が連なり、衆僧が列を組んで読経・散華しながら仏堂や仏像の周囲を練り歩き、寺中では雁行して、百万遍念仏や迎講《むかえこう》(阿弥陀如来の来迎するさまを演ずる法会)なども催されていた、華やかな夜景を思い浮かべるだろう。そして「灯炉之沙汰」の、「四十八間」の仏堂に掲げられた「四十八」の灯籠は、万灯会イメージの延長上にある。万灯は多くの灯明を意味し、必ずしも実数ではない。月半ばの二日間の念仏専心というのも、万灯会と日どり面での共通性がある。

このような『平家物語』が描く重盛の信仰への没入を、彼が健康を損ね心弱くなっていたがゆえ、と見ることができる。同時にそれは父との間に行き違いが生じ、成親との深い関係が仇となって、一門内で孤立を深めつつあった彼の、寒々とした内面世界に起因するものではないか。当時の慣例として、三度上表して初めて辞職が認められる。だから重盛の最初の大臣辞表がすぐに認められるはずもないが、二月二〇日には早速、異母弟の権中納言宗盛が大納言になり、ただちに内大臣になるという噂が世間に広がっている。それも彼にとって心理的な追い打ちになっただろう。おりしも、次章で述べるように、宗盛の追い上げによって、重盛の嫡子の座は危うくなっていた。

資盛の台頭

小松家の嫡子問題のその後をたどると、治承年間に入ると清経の昇進速度は鈍り始めた。彼の母経子は、承安元(一一七一)年以降記録類から姿を消す。重盛の没後まだ存命だったようだから、やがて出家したのだろう。また鹿ヶ谷事件で彼女の兄にあたる成親が抹殺された。母方実家の後ろ盾を失った清経は、ここで失速したと考えられる。清経の後退に力をえて相対的に維盛が浮上し、「嫡子」とみなされるようになった(『玉葉』治承二年一〇月二七日条)。だが正妻がいなくなっても使用人が正妻に昇格することはない。正妻の座が当面空白になるだけである。『玉葉』の記事にもかかわらず、この「嫡子」が法的な意味でのそれかどうか疑問は残る。

ところが、いったん維盛の後塵を拝した資盛が、治承四(一一八〇)年あたりから急速に官位を上昇させ、維盛との差を縮めてゆく(三七頁の表2参照)。それは資盛が後白河院の近習、あるいは親衛軍として重用されるようになったからだと思われる。もともと重盛の小松家は善勝寺流との深い関係から、後白河院に近いところに位置していた。

治承三年七月二八日の深夜、重盛が死ぬ。『言泉集《ごんせんしゅう》』という表白の模範文例集には、死の直前に行なった逆修《ぎゃくしゅ》(生前、自分のために仏事を修して死後の冥福を祈ること)に際し、澄憲《ちょうけん》(信西の子)につくらせた表白の一節が載っている。それによると「十痊《せん》(十全カ)の医療も及ばず、三宝の霊験も至ること無く、遂に飾《かざ》り(頭髪)を落とし、衣を染めて、家を出、道(仏道)に入る」とある。体調は前年の冬から悪かったらしく、七月に入ってもはや命旦夕に迫るを深く自覚していた。重盛は形の上とはいえ平家の代表者だった。その彼が没してしまえば、小松家の前途には暗雲が垂れこめる。そのなかでいち早く後白河にすり寄っていったのが資盛だったと思われる。

清盛死後の治承五年七月一六日、法皇が密かに宗盛の六波羅亭に御幸した。この時、院のお供をしたのは「他人一切参らざ」るなかで、平親宗《ちかむね》・資盛らだけだった(『玉葉』)。前者は清盛の妻時子の異母弟であるが、公然たる院の近臣である。それと並んでの供奉《ぐぶ》は、彼の立ち位置をよく表している。また同じ年の一〇月一一日、院において「柿の葉《こけら》(木の細片)」に般若心経千巻を書いて供養した。それを一二の俵に詰め東海西海に入れるためだという。この行為は資盛の「夢想」によるものだったらしい(『百練抄』)。さらにそれから二年後の平家都落ちのころにも、資盛は都の人びとから「院ノオボヱシテサカリニ候ケレバ」と見られていた(『愚管抄』巻五)。これを二人が男色関係にあったと解釈する研究者もいる。

治承四年の暮れ、福原遷都事業が挫折し天皇以下が帰京したころ、高倉上皇が明日をも知れぬ重体になった。三歳の安徳では天皇親政はありえないから、清盛はやむなく、前年のクーデ夕以後幽閉状態に置いていた後白河に院政の復活を要請する。翌年初め高倉が没し、清盛も後を追った。後白河院政が動きだすが、反乱に対処する必要から平家は後白河と表面上連携を続けており、こうしたなかで資盛の果たす役割も大きくなり、やがて彼が嫡子化したらしい。というのは寿永二（一一八三）年七月の平家都落ちにふれた史料中に、「小松殿〈故内大臣重盛の家、中将資盛相伝〉」と見える（『皇代暦《こうだいれき》』裏書）。重盛の小松殿を継承しているという事実は、それ以前に彼が嫡子に準ずる地位についたことを示唆している。維盛が内乱開始の年、富士川の合戦に敗れ、その後の進退で評価を低めたのが、拍車をかけたのかもしれない。

維盛はなぜ嫡流として描かれたのか？

以上、小松家は全体としての停滞斜陽のなかで、後継者をめぐって抜きつ抜かれつのシーソーゲームを繰り返していた。維盛は嫡子でなかったし、「嫡子」化してもその地位はすぐ不安定な状態になった。ところが『平家物語』、とくに語り本系では、ことあるごとに重盛―維盛を平家嫡流と強調する。そして、内乱が頼朝の完勝に終わったのち、頼朝は平家の公達を根絶やしにしようと執拗な追及を続けた。嫡流の最後である維盛の子六代《ろくだい》も、文覚《もんがく》必死の助命嘆願や出家によりかろうじて永らえていたが、ついに斬られたことを述べ、「それよりしてこそ、平家の子孫はながくたえにけれ」という文章で結んでいる（覚一本巻十二「六代被斬」）。語り本の八坂系ではこれが全巻の結語ですらある。

従来『平家物語』研究は、維盛が嫡子であるのを当然の前提とし、平家一門の重盛―維盛―六代の系統の物語を、その骨格の全体ではないが、すくなくとも一部であるとみなしてきた。しかし、それが史実でないとすれば、そういう構成になっているのはいったいなぜか、という疑問が浮上するだろう。維盛の陰にかくれて見えなくなった小松家の歴史に光をあてる研究が出始めているいま、『平家物語』の研究者ならずとも、興味ある設問である。

第二章　「牡丹の花」の武将

——はなやぐ一門主流——

清盛の妻、時子

保元の乱前後、清盛の家と張りあっていたのが頼盛の家だとすれば、次の世代、全盛期の平家一門中、先行する重盛の小松家をしだいに圧倒してゆくのが、清盛の嫡妻(正妻)平時子《ときこ》とその子供たち、および時子の弟や妹らである。時子は大治《だいじ》元(一一二六)年生まれ、夫の八歳年下になる。壇ノ浦での平家滅亡のおり、孫の安徳天皇を抱いて海中深く没したとされる、二位尼《にいのあま》その人である。父は兵部《ひょうぶ》権大輔《たいふ》平時信《ときのぶ》、母は太皇太后《たいこうたいごう》令子《れいし》内親王(白河天皇第三皇女)家の半物《はしたもの》だったらしい。半物は宮中・大臣家などに仕える中級の召使女である。女房より下、雑仕女の上に位置づけられていた。

彼女の家系は同じ桓武平氏でも葛原親王の子高棟の系統である。一族は平安後期には四位・五位の中下級貴族階層にとどまっていた。時信は摂関家の藤原忠実・忠通父子に従い、ながらく鳥羽院庁の判官代も務めている。

時信は八人の子女をもうけて久安五(一一四九)年に亡くなった。時子の兄弟姉妹には、同母では四つ歳下の弟に時忠がいる。異腹の弟には一八歳下の親宗がおり、さらに別の異腹の妹に一六歳と二〇(二一)歳下の滋子、清子《せいし》がいた(図7参照)。時子が清盛と結婚したのは久安三年以前で、清盛との間には公卿に昇った宗盛・知盛・重衡の男子と、高倉天皇の中宮になった徳子が生まれた。平治の乱後この家は躍進する武家平氏と連携し、にわかに時めくようになる。時子とその子女を一門主流と称したい。

政治力に長けた時忠

時忠は久安二年一七歳で非蔵人《ひくろうど》、翌年六位蔵人になっている。非蔵人とは昇殿を許され、天皇の用を務める見習い蔵人をいう。久安五年従五位下に叙された。鳥羽院政末期、院の判官代を務め、保元の乱後ひきつづき後白河院の判官代になった。久安四年から五年にかけて検非違使尉《じょう》を務め、永暦元(一一六〇)年には検非違使佐《すけ》(左衛門権佐)に起用され、さらに右少弁を兼ねている。彼は検非違使庁で尉(三等官)を振り出しに佐(次官)を経て別当(長官)にまで昇り、生涯三度も別当になった。ともに長い検非違使庁の歴史ではじめてであ

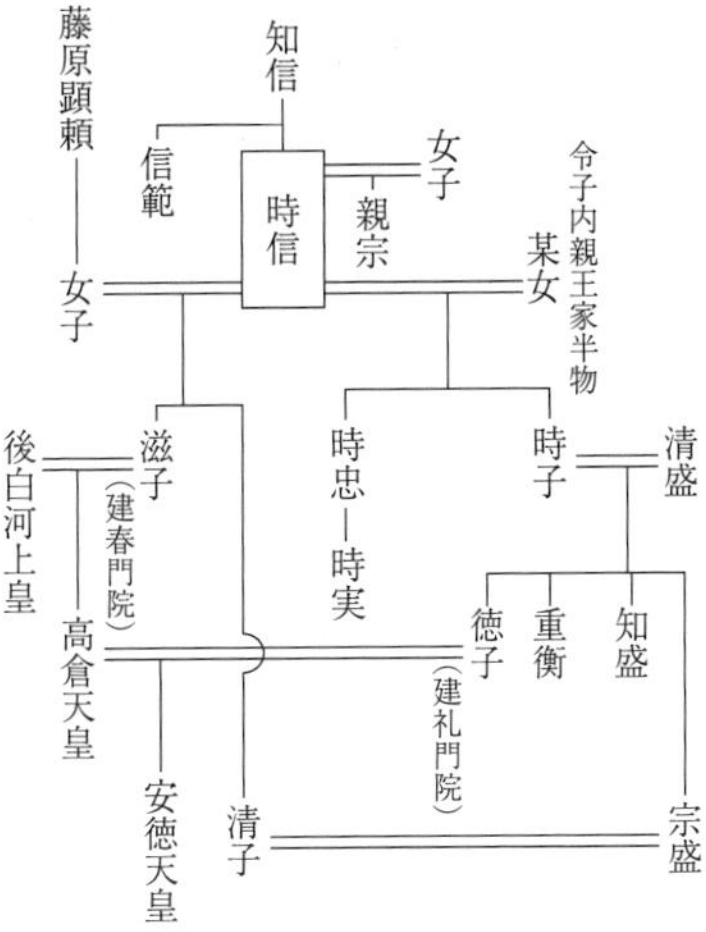

図7　時信の子女

る。また右少弁が属する弁官局《べんかんきょく》は太政官の事務部門で、行政事務の遂行にあたり、国政審議の最高機関たる議政官《ぎせいかん》(大臣・納言・参議の現職公卿からなる)と、実施機関の中央官庁や諸国の国衙とを仲介するのを任とする。弁官は学力があり実務に堪能な人が任ぜられる重要職だった。

美貌の異母妹滋子は、はじめ後白河の姉上西門院の女房で、後白河上皇の目にとまり、皇子憲仁(のちの高倉天皇)を出産した。だから時忠は後白河側近であると同時に、憲仁の外戚なのである。それで応保元(一一六一)年の九月一五日、生まれたばかりの憲仁親王を皇太子に立てようと策動して官を解かれた。

かたや姉の時子は、平治の乱後、二条天皇の乳母になっていた。乳母といっても実際にお乳をあげるのは、御乳人《おちのひと》という身分の低い女房で、彼女は制度上の乳母の一人である。これは夫清盛が天皇を後見する立場にあったことを意味した。清盛が後白河と対立した二条天皇側に立った理由はそこにある。憲仁の即位は清盛にとってむろん益があるが、時忠とこれに同調する教盛の企てはこの時点では先走りしすぎであり、時忠は跳ね上がり分子として切り捨てられた。『源平盛衰記』は、事件にかんして「又上皇政務ヲ聞召《きこしめ》スベカラザルノ由、清盛卿申行《もうしおこな》ヒケリ」と記しており(巻二「二代后事付則天皇后」)、清盛の圧力によって後白河院の政務が否定され、国政運営から締めだされたらしい。

時忠はさらに応保二年には、天皇を呪詛したとされた院近習らとあわせ流罪に処せられた。

彼の出雲への配流は四年の長きにわたり、永万元(一一六五)年九月になってようやく召還され、翌年三月本位に復した。二条天皇の死をきっかけに、清盛が後白河との同盟に方針を転じ、後白河院政が復活したので復権できたのである。

同年六月、時忠は蔵人になったので、五位蔵人・弁官・検非違使佐を兼ねた。これを三事兼帯といって、宮中(蔵人)と太政官(弁官)双方の実務に関与し、司法・警察・京中の民政(検非違使)をも握る広汎な権限をもつので、才幹ある人に限られ、極めたる栄誉とされた。桓武平氏高棟の系統全体では三事兼帯の人物を輩出する流れもあったが、時信直系では最初である。

時忠は清盛が内大臣になった仁安元年には左少弁、さらに右中弁に転じ、太政大臣に昇った翌二年正月には右大弁に昇任した。清盛の武門平家はついに弁官経験者を一人も出せなかったから、政治の実務に堪能な彼の存在は、特別な意味がある。同年二月には参議入りした。さらに右衛門督《かみ》を兼ね、仁安三年七月には初度の検非違使別当、八月には権中納言になった。平安中期には七、八人だった中納言が、この時一〇人にもなったので、人びとは前例がないと目をむいた。清盛の強力な後押しによるものと思われる。

「平家にあらずんば……」

仁安二年正月、皇太子の生母ということで滋子が女御に任ぜられ、翌年憲仁が即位し、高倉天皇となった。嘉応元(一一六九)年四月には、滋子の院号が建春門院と定まる。時忠も女院庁の別当に就任した。女院は天皇の母や三后(太皇太后・皇大后・皇后〈または中宮〉)・内親王などのうち、朝廷から院号を与えられた者を指す。そのなかで宮城の門名を付すものを門院といい、待遇は上皇に準じた。東山の法住寺御所における滋子と後白河の優雅な生活については、彼女に仕えた女房の中納言(藤原定家《さだいえ》の同母姉)の日記『たまきはる』が生き生きと伝えている。

同年一二月、尾張国の目代《もくだい》(国守の代官)が日吉社神人《ひえじ》《しゃ》に乱暴したことから、延暦寺僧徒の強訴が発生し、同国知行国主藤原成親は配流に決まった。ところが寵愛する成親をかばう後白河の意志で事態が急転、成親は召し返され、身代わりに検非違使別当の時忠らが流罪の宣旨をこうむる。翌年二月になって僧徒の訴えどおり、ふたたび成親の解官と時忠らの召還が決定し、時忠は配所に至らず召し返しになった。以後は順調で、承安二(一一七二)年二月、清盛と時子の娘徳子が高倉天皇の中宮に立つと、大夫(長官)の四条隆季と並んで権大夫になり、承安四年には先任者四人を越えて従二位に昇った。最終は正二位・権大納言に至る。

非蔵人から身を起こした人物としては異例の昇進である。妹および姪が入内し、あいついで立后したのが作用しているが、自身の政治手腕に負うところも大きい。三度目の検非違使別当の時、自邸の門前で強盗一二人の右手を切断させたり、山科《やましな》において獄囚一五人を斬首し、二一人の手を切ったりしたことからも、強気で非情な性格がうかがわれる。福原の新都建設がゆきづまった時、京都帰還に最後まで反対したのも時忠だった。「此一門にあらざらむ人は、皆人非人《にんぴにん》なるべし（平家にあらずんば人に非ず）」と豪語した（覚一本巻一「禿髪《かぶろ》」）、と伝えられるのもむべなるかなである。

なお異母弟親宗も三事兼帯である。蔵人頭を経て権中納言に進んだ。兄弟中の異端児で、院と平家との対立が表面化して以降は、院近臣としての性格を強め、頼朝とも通じていた。

図8　重盛（右）・宗盛（左）の似絵（『天子摂関御影』宮内庁三の丸尚蔵館所蔵）

「母太郎」と「父太郎」

時子の長子宗盛は保元二（一一五七）年従五位下に叙され、平治の乱後、遠江守に任じられる。清盛嫡妻の第一子として官位の昇進は早く、清盛が太政大臣になった仁安二年の八月には二一歳で参議。その後右大将・権大納言などを経て、異腹の長兄重盛が没した治承三（一一七九）年には嫡子の地位を継承。内乱突入後の治承五（一一八一）年正月、新設の畿内近国九カ国の惣官《そうかん》職に就任、同地域を軍政下に置いた。同年閏二月、父清盛が死ぬと、後家の時子を背景に一門の総帥となり、寿永元（一一八二）年一〇月内大臣に就任する（図8参照）。

時子の長女徳子(清盛次女)は、久寿二(一一五五)年生まれと考えられるが、異説がないわけではない。承安元(一一七一)年一二月一四日、従弟で六歳年下の高倉天皇に入内した。長寛二(一一六四)年清盛が有名な平家納経を厳島《いつくしま》神社に奉納したのは、徳子の将来の入内を願ってのこと、との興味ある説もある。ちなみに徳子という名は「名字《めいじ》」といって入内に際し命名された名である。滋子の場合も同様で、このクラスの女性ですら本名が伝わるのは稀だった。

宗盛と重盛の兄弟は、そして頼盛・清盛、清経・維盛の兄弟も、当時の用語でいう「母太郎」と「父太郎」の関係にあった。「母太郎」はその家の母、つまり現在の嫡妻との間に生まれた長男、これに対し「父太郎」は父が妻や妾・召人を問わず生ませた長男の意味だろう。重盛の母は右近将監高階基章の娘である。右近将監は六位相当の官で、その娘なら鳥羽院政下でめきめき頭角を現しつつあった伊勢平氏の未来の棟梁の妻には釣りあわない。召人というべきところであるが、高階基章の娘は、第一章で述べたように、摂関家の大殿忠実が基章の妻と関係して生ませた不義の子だったらしい。加えて重盛は平治の乱で華々しい活躍をした。

こうしたことが、清盛が自分とよく似た出生事情をもつ「父太郎」の重盛を、嫡男として遇した理由であろう。しかし時が経ち庇護者である清盛が福原に去ると、家の後継者決定に強い発言権をもつ嫡妻時子らの勢力に支援された宗盛が、じりじりと重盛に肉薄し嫡子の地位をうかがうようになった。とくに彼が叔母の滋子に密着していた点が大きいだろう。宗盛は彼女が女御の時は家司《けいし》(三位以上の家の事務をつかさどった職員)として、建春門院になってからは院司として ぴったり寄り添っていた。しかも彼の妻は滋子と同母の妹清子である。清子は憲仁親王の乳母として宮中に入り、親王が即位した年、高級女官の典侍《ないしのすけ》の官についた。

重盛と宗盛の力関係の変化が顕在化するのは、承安二(一一七二)年ごろと考えられる。徳子入内の翌年で、宗盛と清子の間に生まれた嫡子清宗《きよむね》が禁色を許されている。わずか三歳である。同時期の摂関家の子弟が一〇歳前後だから、それをすらはるかに上回る早さだった(清宗の昇叙については三七頁表2参照)。他方、重盛の嫡子清経は、六年後の治承二年、一六歳になってやっと禁色を許されている。

親平家の公卿たち

承安元年一二月二六日、女御となった徳子のために、親族が参内して舞踏する親族拝《しんぞくはい》と呼ばれる儀礼が行なわれた。これに参列した平家一門外の面々に、左大臣大炊御門経宗(徳子の養外祖父)、権大納言四条隆季(善勝寺長者、息子隆房が清盛四女の婿、成親の兄)、権中納言藤原邦綱《くにつな》(重衡の妻の父で、清盛養子清邦《きよくに》の実父)、同花山院《かざんいん》(藤原)兼雅《かねまさ》(清盛長女の婿)、参議藤原家通《いえみち》(清盛の養子)、同藤原実綱《さねつな》(清盛の姉の前夫)、同藤原頼定《よりさだ》(経宗の養子)らがいる。

彼らが親平家の立場にあったおもな公卿たちで、ほかに姻族なら近衛基通がいた。父基実の妻が徳子の一つ違いの異母妹盛子(清盛三女)で、本人の妻も清盛娘(五女)の完子《かんし》である。その他平家に親しいめぼしい公卿として、前太政大臣花山院忠雅《ただまさ》(兼雅の父)、忠雅の弟権中納言中山忠親、忠雅と平教盛双方の女婿でもある源通親《みちちか》らがいる。親族・姻族といってもむろん政略結婚によるものである。

この時期国家の意志は、弁官と蔵人を兼ねる職事弁官《しきじのべんかん》を調整役とする天皇・院・摂関の合議によって決定されるようになっていた。そして、この王家と摂関家による意志形成を、補完・下支えする役割を果たしたのが、各種の公卿会議である。国家の大事を審議する院御所での会議(院御所議定《ぎじょう》)、ついで天皇の御前や清涼殿の殿上間で行なわれる会議(内裏御前定・殿上定)、さらに内裏で行なわれる陣定《じんのさだめ》と呼ばれる議政官(現職公卿)会議があった。また有力貴族諸家の家長の自宅に係官を派遣して意見を徴する、研究者が在宅諮問制と名づけた制度もあった。

朝廷・院御所を中心とした政務や儀式一般(公事《くじ》)、行事、官職などの故実に通じていること、またその人を「有職」という。公卿議定はその「有職」の議政官と、とくに許された前官者のみが、そのつど指名されて参加した。平家の公卿はどう見ても「有職」とはいえないし、前官者や非参議《ひさんぎ》(三位以上の位を有するが議政官でないもの)が多く、議政官は多い時でも五人しかいなかった。治承三(一一七九)年正月時点で、内大臣重盛・権大納言宗盛・権中納言頼盛・参議教盛の四人に、権中納言時忠を加えての五人である。ところが重盛ですら公卿議定に参加した形跡がない。序章で、平家の公卿たちは並び大名の域を出なかった、といったのはそういう意味である。それに対し前記した親平家公卿の多くは「有職」で知られ、各種の公卿会議にメンバーとして招集されていた。

右の点と、武家平家の公卿に弁官経験者が皆無であり、除目・叙位関係など重要な儀式・行事の上卿《しょうけい》(首席として取りしきる公卿)を務めた者が見あたらない、という事実は対応関係にある。儀礼や年中行事はたんなる虚礼ではない。貴族社会の価値理念や秩序を目に見える形で露《あら》わにし、貴族社会を活気づけ再生させる重要な役割を担っていた。平安期は政治が儀式化したのではなく、儀式の演出がそのまま政治だったのである。

当然といえば当然だが、保元・平治の乱を経て、位階・官職が飛躍したからといって、地道な研鑽《けんさん》と長年の経験、広い情報ネットワークに裏づけられた有職の知識、高度な政務処理能力が、一朝一夕で身につくはずもない。儀式・行事についての知識の源泉たる日記や有職関係の文書が自家に備わっているか、政界全体をにらんだバランスのよい判断能力を養い、実践する機会があったかと問えば、昨日までの中下級貴族で軍事貴族である平家には、無理な注文である。唯一弁官の経験があり公事の故実に通じた時忠でも、家としては摂関家の家司クラスからの成り上がりであるから、重要な儀式・行事を主宰するためのノウハウは持ちあわせていなかった。

幾重にも構築された家格の壁をまたたくうちに飛び越えてきた平家には、それだけの能力を養う準備期間などあるはずもなかった。婚姻を政略に利用するのを、古めかしく姑息な政治手法と考えるむきがある。しかし平家公卿たちが、国政を審議する各種の公卿会議に参加する資格も識見も認められていない以上、彼らに代弁してもらうほかに、どんな方法があったというのだろう。また彼らから教えてもらわなければ、公卿としての最小限の儀式作法すらこなせなかったに違いない。

後白河のいらだち

徳子は承安二年二月中宮になり、高倉天皇死後の養和元(一一八一)年一一月建礼門院の院号宣下があり、女院になった。宮廷では明るくおおらかに過ごしたという推測もあるが、彼女の人柄を明らかにできる史料は皆無に等しい。一方高倉には小督《こごう》との有名な純愛物語がある。『平家物語』によれば、徳子に仕えた女房小督は双《なら》びなき美人で琴の名手。清盛の女婿藤原隆房に見初められたのち、高倉の寵愛を受けるが、婿二人を盗られたとする清盛の怒りを聞いて内裏を出、嵯峨野に隠れ住む。八月一〇日余りの月の夜、天皇の命を受けた源仲国《なかくに》は、小督の弾く「想夫恋《そうふれん》」の琴の音を頼りに隠れ家を尋ねあて、連れ戻す。内裏の人目につかぬところに隠し置かれ姫宮を生むが、清盛の知るところとなり、尼にされたうえ追放されて、嵯峨野に住んだという(巻六「小督」)。

高倉天皇の実像は結構多淫だったようだが、平家にとって幸いにも、それらの女性との間には、男子が生まれなかった。徳子も入内以来五年、六年経っても懐妊の兆しがない。このことは大変重要な政治上の問題をはらんでいた。徳子が皇子を生まなければ、皇位の継承に目途《めど》が立たないからである。王家の家長としては、皇統の連綿を実現するのが絶対至上の命令で、皇位継承者不在のままでは、王家は危殆に瀕する。

政治家の権力の核心は、つまるところ人事権にあるだろう。院政の主宰者としての治天の君にとっても事情は同じで、その究極が皇位継承者指名権だった。もともと後白河は、徳子の入内には気乗り薄で、清盛の攻勢に押しきられた感があった。当時の政界の力関係を考えれば、清盛の娘に男子が生まれたら、次期天皇に立てざるをえないからである。だから皇子が生まれないのを理由に、あまたいる後白河の皇子を東宮に指名するという手がある。だがそれは清盛の反発を招くだけだろう。安元二(一一七六)年という時点で高倉一六歳、徳子は二二歳、二人はまだ若い。もしその後男子が生まれたらどんな修羅場になるか。小督の出家は史実だが、清盛の意志によるものかどうかわからない。筆者が清盛なら断固追放するだろう。

皇位継承者が平家の皇子に限定されざるをえないとすれば、後白河の権力は空洞化する。しかし焦眉の問題は、そのことですらない。皇位継承者指名権の発動が、皇子が生まれる保証もないまま、いたずらに先延ばしを余儀なくされている。王者最大の権能が侵された。後白河にとって、平家への最大の不満、清盛に向けられた怒りの根はそこにあった。

この不満の爆発をかろうじて抑止していたのが、愛する后建春門院滋子の存在である。が、彼女は安元二(一一七六)年七月、糖尿病がこうじて亡くなった。天子が父母の喪に服する諒闇《りょうあん》期間中の一〇月二三日、後白河の第八皇子が密かに天皇の住む閑院内裏(里内裏)に参った。それから一週間経たない一〇月二九日、今度は別の後白河皇子(第九皇子)参内の噂が流れ、翌月二日時忠につれられて姿を見せた。高倉天皇はいずれの皇子も猶子(養い子)にしている。

高倉が後白河の皇子二人を猶子にしたのは、徳子に皇子が生まれない事態を予想し、皇嗣の候補として準備したのである。それは時忠・親宗という二人の兄弟が関与していたことからもわかるように、亡き建春門院も同意していたことで、もちろん後白河の強い希望だった。親宗は、後白河の近臣として知られた人物だからである。滋子の死により、院・平家の対立という奔流をせき止めていたダムが決壊し始めた。

治承二(一一七八)年一一月一二日、入内して七年目の徳子がようやくにして皇子を生む。清盛が待ちに待った皇子であり、言仁《ときひと》と命名され親王になり、一二月一五日には早くも東宮に立てられた。のちの安徳天皇である。続いて翌年二月二八日、高倉天皇の典侍であった藤原殖子《しょくし》(のちの七条院)が第二皇子(守貞《もりさだ》親王)を生んだ。その乳母には徳子の実兄知盛の妻と頼盛の娘があてられ、養育は西八条亭で行なわれた。言仁に万一ある場合を予想して、控えとされたのであろう。四月一六日、それらを見届けたかのように、後白河院の第八皇子が出家した。長じて仁和寺二品《にほん》、道法法親王《どうほう》と呼ばれる人物である。「内々猶予の儀ありて出家を抑留」していた第八皇子の、「東宮降誕の後」の出家は（『山槐記』）、彼を天皇の跡継ぎに立てる必要がなくなった結果である。

徳子は高倉が小督との間にもうけた皇女（範子《はんし》内親王）とも猶子の関係をもっていた。これらは徳子の腹でない高倉の子女が、徳子の猶子もしくは一門の養育という形で、平家の管理下に置かれていた事実を示している。院政期になると、院が天皇の後宮を差配することによって、皇子誕生の過程に深く介入し、さらに皇位のゆくえも自ら決定するという皇位継承システムができあがっていた。それが、ここにきて藤原道長の時代に回帰したかのように、その実質を外戚の家（平家）に握られる状況になった。

次男知盛・三男重衡

時子の次男知盛は、仁平二（一一五二）年生まれ。平治元（一一五九）年従五位下、翌永暦元（一一六〇）年武蔵守になり、さらに再任した。以後左兵衛権佐・左近衛少将を経て仁安三（一一六八）年には左近衛権中将に進み、正四位下に達する。世間からは「入道相国（清盛）最愛の息子」

とみなされた(『玉葉』安元二年一二月五日条)。安元三(一一七七)年正月、中将のまま従三位に叙せられる。四位相当官である近衛中将で三位に昇った人は、三位中将《さんい(み)のちゅうじょう》と呼ばれる。以前は中将が二位、三位になると、摂関家の子息もしくは一世源氏のような特別の存在でなければ、中将から退くものとされたが、白河院政期以降になると例外が増えている。知盛はさらに右兵衛督・左兵衛督を歴任、武官中心の官歴を送った。

治承四年以降は武蔵の知行国主となり高倉院の御厩別当を務める。武蔵は相模と並んで東国武士の本場とでもいうべき国であり、国内の武士の組織化も進めたらしく、彼の御家人には有名な熊谷直実《くまがいなおざね》の名も見える。御厩別当は院の車・馬牛を管理する役であるから、これもおのずから軍事に関係深いポストであった。寿永元(一一八二)年には権中納言・従二位に進んでいる。

時子の三男重衡は保元二(一一五七)年生まれ。応保二(一一六二)年従五位下となる。以後の官歴は尾張守・左馬頭、ついで左馬頭兼任のまま中宮亮・東宮亮を歴任、左馬頭を去って左近衛権中将に就任、治承四年蔵人頭になった。治承五年五月には従三位に叙され、いったん辞していた左近衛権中将に返り咲く。三位中将が二人同時にある時は、先任の者を本《ほん》三位中将、新参の者を新三位中将と区別して呼んだ。それで寿永二年七月、甥の資盛が従三位右近衛権中将となると、重衡は本三位中将と呼ばれている。

高倉天皇とともに

重衡は天皇や後宮との関係が極めて深く、従五位上に昇ったのは二条天皇中宮藤原育子《いくし》の御給、正五位下と従四位上の昇叙は叔母である滋子の御給である。御給は維盛の立身のところで説明した売官制の一種である。また姉徳子が后立ちすると同時に中宮亮、彼女と高倉天皇の間に生まれた言仁親王(のちの安徳天皇)が東宮に立つと東宮亮に転じている。建春門院の生んだ高倉天皇との関係も深く、仁安三(一一六八)年八月四日、天皇が父院の法住寺御所に行幸した時、臨時の除目で従四位下に叙せられた。

安元元(一一七五)年九月二三日、高倉天皇が藤原実宗《さねむね》・長方《ながかた》・泰通、平重衡、藤原隆房・兼《かね》光《みつ》・光雅《みつまさ》と六位蔵人を御前に呼び寄せた。この集まりを記録した長方が、いまだ聯句《れんく》の座に召されたことはなかったといっているので、聯句(二人以上の者が交互に句を詠んで、一編の漢詩をつくること)を名目の集いだったのだろう。この時、中宮権大夫の平時忠が食物を運ばせ、それぞれの座前に据えた。以下酒宴になり、朗詠・雑曲(雅楽以外の音曲)・読経などがあり、座興としての即興の舞が二度三度に及び、夜たけておのおの退出した。席上時忠が酔っぱらっていい気持ちになり何度も舞ったので、長方は「頗る軽々なり」とあきれている(『禅中記抄《ぜんちゅうきしょう》』)。

長方は蔵人のなかで自分一人が「近臣」ではないといっているが、参会者は実宗と長方がともに蔵人頭、兼光・光雅は五位蔵人である。天皇の秘書官たる蔵人が天皇の身辺に仕えるのは当然なうえに、泰通・隆房は後世高倉天皇の五人の近習のなかに数え上げられる人物。時忠・重衡は后の徳子を支える中宮職の長官と次官であるだけでなく、時忠は天皇の「外舅《がいきゅう》（母方の伯父）」である。つまり天皇の身内側近ばかりの集まりだった。重衡は天皇の従兄であるとともに妻の兄弟、そのなかでは一番年が近い。つまり天皇の身内中もっとも近しい若者だというので呼ばれたのであろう。

重衡は治承四（一一八〇）年正月、高倉天皇の蔵人頭（頭中将）になり、同年二月言仁が即位し安徳天皇になると、ひきつづきその蔵人頭に就任し、新設の高倉上皇院庁の別当を兼ねた。同年六月いわゆる福原遷都が行なわれると、高倉上皇は同地の荒田にあった頼盛亭に御所を置いた。しかし体調不良を訴え七月二八日には重衡亭に遷っている。福原の重衡亭は安徳天皇の内裏となった清盛の別荘のすぐ南、雪御所の名で呼ばれた邸宅である。上皇は四カ月弱をそこで過ごした。我が子安徳の皇居の傍らにあるという理由もあろうが、重衡との親密さを示す事例であろう。

『月詣集《つきもうでしゅう》』の一〇月（附哀傷）歌に重衡の、

すみかはる月を見つつぞ思ひ出づるおほ原山のいにしへのそら

という歌が収載されている。その詞書に「高倉院の御ことを思ひ出でて、今上《きんじょう》(安徳天皇)御時、内裏にさぶらひける女房のもとへ申遣《もうしつかは》しける」とある。高倉天皇が大原野《おおはらの》神社(現京都市西京区大原野)に行幸したのは、承安元(一一七一)年四月二七日で、重衡も供奉していたのだろう。天皇一一歳、重衡一五歳の初夏のことだった。

本書冒頭で維盛と重衡は官歴がよく似ているといったが、重衡が中宮亮になると維盛は中宮権亮、重衡が東宮亮になると同じく東宮権亮に転じた。治承五(一一八一)年五月に重衡が従三位の左近衛権中将になって蔵人頭を辞すと、翌月維盛がその後任になり右近衛権中将に任じた。同年末維盛は従三位になり蔵人頭を辞し、権亮中将と呼ばれるようになる。個人が中宮亮・東宮亮・蔵人頭という経歴を継続してたどること自体が珍しいうえに、特定の二人がペアでそのようなキャリアを経験するのは極めて稀で、おそらく他に例がないと思われる。秋山寿子氏は二人が中宮職—東宮職と継続して就任したのは、平家(清盛)が二人を、安徳天皇の側近く仕える腹心として、世間にも認知させようとしたためと推量している。維盛をあえてそういう形で起用したのは、憶測だが、小松内大臣家と一門主流の間の疎隔を危惧する高倉天皇の配慮で、背後には清盛の意向も働いていたのではないか。

重衡と安徳天皇

重衡の徳子や安徳とのかかわりで、めぼしい史実を並べてみる。治承二(一一七八)年の六波羅泉殿における徳子の御産は難産で、ようやく一一月一二日寅刻(午前四時)産気づき、近臣や中宮職の三等官らはあわただしかった。ここでいう近臣とは三位中将知盛・中宮亮重衡・中宮権亮維盛・左少将清経・侍従資盛である。ところが出産はずれこみ未《ひつじ》の二点(午後二時前)に至りようやく皇子が誕生する。『平家物語』では、中宮亮重衡が御簾《みす》の内より素早く出でて、「御産平安、皇子御誕生候ぞや」と高らかに申した。一同あっとどよめきしばし静まらず、清盛はうれしさのあまりに声をあげて泣いたという(巻三「御産」)。

重衡の妻は大納言藤原邦綱の三女輔子《ほし》で、言仁の乳母になった。邦綱は摂関家の家司として台頭してきた過去があり、忠通の子基実の死後、その遺領を後家の白河殿盛子が相続するよう計らった人物でもある。娘を歴代天皇の乳母とし、富裕で知られ、清盛にとってはもっとも信頼に足る盟友だった。輔子は安徳即位後女除目で典侍となり、父の邸宅名や官名から五条局、のち大納言典侍と称された。

治承四年二月二一日、閑院内裏で高倉が譲位し、言仁が新天皇として位を継いだ。その時に行なう、三種の神器の宝剣・神璽《しんじ》(勾玉《まがたま》)を新帝に渡し伝える儀式(剣璽渡御《けんじとぎょ》)では、先例なら幼主はその場に臨まない。しかし、東宮傅《とうぐうふ》(東宮の輔導役)の左大臣経宗はあえて臨席させることにし、亮の重衡が天皇を抱き密かに背後から添う形で天皇の昼間の座所に着いた。天皇位継承の瞬間なので当然新天皇からの昇殿の許しはまだない。だから摂政以外の臣下は誰も昇殿できないところだが、重衡の場合は天皇が幼稚ゆえにどうしようもない、との判断によってである。数え年三歳の新天皇が御衣《おんぞ》をむずかったので、重衡は上司の東宮大夫忠親に「袴の上に直衣《のうし》（普段着）ばかりをお着せしてはいかがでしょうか」と問い、忠親は「密かに計らえば何も問題はない、単衣《ひとえぎぬ》（広袖の肌着）をお着せすべきか」と指示する一幕もあった（『山槐記』）。

以後も重衡は、幼い天皇の介添え役に擬せられている。四月九日、安徳が即位式のため五条内裏（もと邦綱亭の五条東洞院《ひがしのとういん》亭）より本内裏に遷った時、摂政近衛基通は「転居の際の恒例で、酒宴の礼などをせねばならないが、その間昼《ひ》の御座《おまし》に天皇が独りでいることができない、重衡が傍らに祗候《しこう》するのも「例無きの上、事穏便にあらず」、どうしたらよいか」と、右大臣兼実に助言を仰いでいる（『玉葉』）。四月二二日本内裏の紫《し》宸殿《しんでん》で行なわれた即位式本番でも、重衡夫妻は重要な役を果たした。

「牡丹の花」

以上の立場から、重衡の周辺にはつねに宮廷の女房たちが群れており、そのなかで軽やかで明るい話題を振りまき、屈託がなかった。琵琶・笛に長けており、和歌もまずまずで、勅撰集では『玉葉集』《ぎょくようしゅう》に一首入集している。
『右京大夫集』には、炭櫃《すびつ》(囲炉裏)をかこんで、気のあった女房たち四人が楽しく語りあっているところに、内裏の宿直《とのい》番を終えた重衡も加わり、いつものように冗談事やら、まじめな話やら、いろいろおもしろおかしく語り、挙げ句の果てに地獄の鬼を持ちだして脅す場面が活写されている(一九五番歌詞書)。また資盛への思いでいっぱいの右京大夫に、「自分は資盛殿の縁者なのにどうして相手にしてくれないの、すべて彼と同じと思いなさいよ」といってからかっている(一九七番歌詞書)。

さらに『平家公達草紙』の「公達の盗人」の段では、安元三(一一七七)年三月一日のころ、平家一門の公達が内裏でつれづれをもてあましていた。重衡が、盗人のまねをして中宮の局《つぼね》に押し入り、女房たちの衣類を奪って驚かす趣向を思いつき、天皇もおもしろがって実行させる。その夜天皇が中宮の局に渡ったので、一同おかしさをこらえてお供し、翌朝、盗人から取り返したということにして奪った衣類を返した。しばらくたった後で、天皇が種明かしをしたので、女房たちは重衡をうらんだという話がある。これは『右京大夫集』の鬼の話にヒントをえた創作かもしれないが、人物像にぶれがなく、ほほえましく楽しい。

『右京大夫集』に、彼は「またはかなきことにも、人のためは、便宜《びんぎ》に心しらひありなどして(またちょっとしたことでも、他人のためには都合の良いよう心を遣ってくれたりなどして)」とあり

（一二三番歌詞書）、人柄のよさは無類であった。

彼が後年一の谷の戦いで捕虜になり、関東に送られた時、斎院次官経験者で内乱開始後鎌倉に下ってきた頼朝側近の中原親能《ちかよし》は、「平家はもとより代ゝの歌人・才人達で候也。先年この人ゝを花にたとへ候しに、此《この》三位の中将をば牡丹の花にたとへて候しぞかし」と語ったそうな（覚一本巻十「千手前」）。連歌師がつくったのではないかといわれている『平家花揃《へいけはなぞろえ》』という室町末期の作品がある。平家の人びとをそれぞれ花にたとえたもので、『平家物語』の右のくだりに触発されてつくったのでは、と考えられている。なるほど重衡は「牡丹の花の匂《にほい》おほく咲きみだれたる朝ぼらけ」に郭公《ほととぎす》の一声がしている風情で、維盛のほうは山際白む春の曙、吹きよる風に「樺桜《かばざくら》（チョウジザクラ・ヤマザクラなどの古名）」が打ち散る景色だった。

政治・軍事面の重衡

彼は後宮の女房にうけがよいだけの貴公子ではない。治承三（一一七九）年一一月、後白河院政停止、反対派勢力一掃の平家の軍事クーデタにあたり、清盛の命で高倉天皇のもとに派遣され、この挙に至らざるをえなかった経緯の説明と、中宮（徳子）・東宮（言仁）の福原への行啓を決行する準備がなったことを伝えるという、政治的な大役を果たしている。彼はほかにも清盛の意志を伝える政治的に重要な使いを務めたことがある。

蔵人頭時代の治承四年四月二五日には、有職の公卿として知られる権中納言中山忠親に明日にせまった石清水《いわしみず》臨時祭の式次第を問い、彼からそれを記したものを贈られている。鎌倉初期の『猪隈関白記《いのくまかんぱくき》』によれば、舅の大納言藤原邦綱からは文書を譲られており、その中には儀式関係の記録類も含まれていたと推測されている。

なにより、重衡は一軍を率いる将帥の器であった。同時代の確実な史料でも「武勇に堪ふるの器量」をうたわれている(『玉葉』治承五年閏二月一五日条)。こうして彼は「入道殿にも二位殿(時子)にも、おぼえの御子《おんこ》」(覚一本巻十「内裏女房」)だった。石母田正《いしもだしょう》の名著『平家物語』の強い印象もあって、平家一門中では知盛の軍事指導者としての指揮ぶりに光があたっているけれど、それは『平家物語』作者の物語構想に添った人物造型の結果、というべきである。

というのも知盛は、内乱中墨俣《すのまた》・水島・室山といった平家が勝利した合戦に、いずれも参戦していたとされているが、史実的には墨俣ははっきり不参加、水島・室山は参加不参加を知ることができない。だいいち確実な史料では都落ち以後の動静はほとんどわからない。以仁王追討にあたっても、『平家物語』諸本の多くは知盛の参戦をいうが、確実な史料ではその形跡は認められない。一方三男重衡は、そのすべてに参加している。『平家物語』の知盛像には重衡の軍功が引き写されており、その分重衡像から武勇の色が薄らぎ、より明るく優なる公達像に傾斜している。

知行国主として

内乱以前の平家の公達の宮廷社会外での活動はほとんど伝わらない。重衡も例外ではないが、たまたま以下の事実がわかる。

治承元(一一七七)年九月、重衡は長門国河棚荘《かわだな》(現山口県下関市)への国衙《こくが》の介入を停止するよう留守所《るすどころ》に命じた。重衡はそれは「太政入道殿(清盛)の仰せに依」るのだといっている(『平安遺文』三八一〇号)。国衙とは国司の役所で、その実質は国守が現地に派遣した目代(代官)と、国庁に勤務するその国の有力者からなる在庁官人《ざいちょうかんにん》によって運営されていた。平安後期、国守が在京し不在のことが多いため、諸国の行政機関が留守所と呼ばれたのである。

この手のケースでは、普通なら知行国主が国守の頭ごしに、現地の留守所に命令を伝える。たとえば長寛元(一一六三)年八月、尾張の留守所に命令を発しているのは、知行国主である平頼盛だった(『平安遺文』補一〇三・一〇四号)。尾張守は七歳の重衡で、知行国制下の国守が名ばかりだというのは、この場合もはっきりしている。

河棚荘の場合はどうか。「太政入道殿の仰せに依」るといっているから、長門の知行国主は清盛で、重衡が国守かというと、清盛はとうの昔に出家して形式上は政界から引退している。ここでは清盛が出家者で知行国主になれないため、年若く官位も低い重衡が知行国主になっていた。

じつはこの文書は以前には存在しなかった様式の文書である。ちょっと専門的になるが、下文《くだしぶみ》の様式であると同時に、そのなかに「太政入道殿の仰せに依りて下知《げち》くだんのごとし」という奉書《ほうしょ》（御教書《みぎょうしょ》）の様式が割りこんでいる。奉書とは主君の側近く仕える臣や右筆《ゆうひつ》（側近のものかき）らが上意を奉じて発給する文書である。というより、それに続く「宜《よろ》しく承知すべし、違失《いしつ》すべからず、故《ことさら》に下す」という書止めの文言《もんごん》さえなければ、この文書は下知状《げちじょう》の一類型と断定されるべきものであろう。下知状は、下文という公文書の系譜を引く命令文書と、御教書という私文書系統の文書が折衷されてできた、鎌倉幕府が発給した新様式の文書で、奉行たる執権などが鎌倉殿《かまくらどの》（将軍）の命を受け、それに代わって案件を処理した文書である。

重衡が発給したこの文書は、まさに下文から下知状が生まれんとする過渡的な状態を示す。それは重衡が知行国主でありながら、実際は清盛の奉行人（政務代官）としての立場にあるという矛盾を、ありのまま表現している。花押《かおう》は自署を文様化・記号化したものだが、古文書学では、花押を文書冒頭の余白（袖）に書けば差出者の尊、文書左端の余白（奥）に書けば卑を表すとされる。重衡のそれが袖にではなく奥に書かれているのが、尊大たりえない彼の立場を表示している（図9参照）。

河棚荘の領主である嘉祥寺《かしょう》は、京都深草にあり、そのころ仁和寺の別院になっていた。仁和

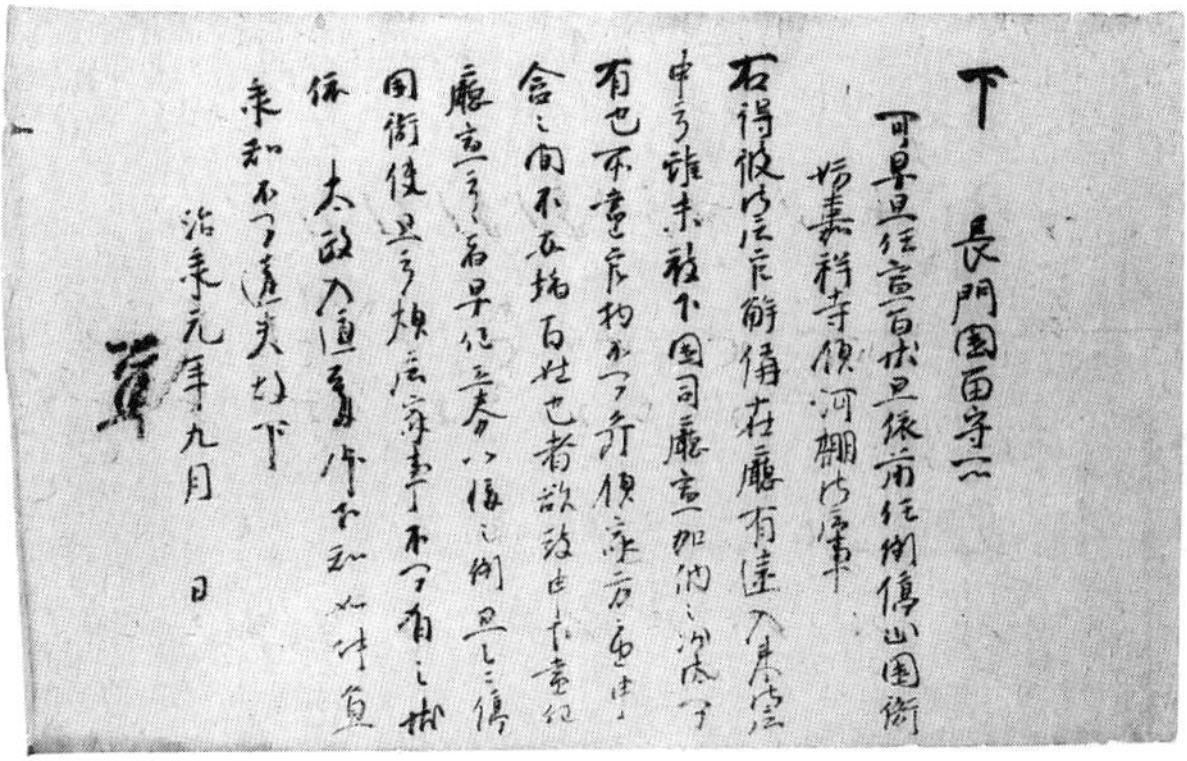

図９　重衡発給文書（尊経閣文庫所蔵東寺宝菩提院文書）．
左端が重衡の花押

寺は王家と関係の深い大寺で、当時摂津福原に引き籠もっていた清盛に、その筋からの働きかけがあったのだろう。年若い重衡の例を一般化できるかどうか問題だが、平家知行国の多くを実質的に統括しているのは清盛で、各知行国主は事実上代官的な立場にあったことを示唆する事例といえる。

内乱に入ってのことだが、治承五年三月二六日平時基《ときもと》が備前守になった。朝廷では除目の時大間《おおま》書《がき》という文書を用いる。欠員となっている官職名を列挙し、任命に従って任官者の位階・姓名を書き入れた。理由が必要な時は姓名の下に注記する。この時は「備前守平時基」の下に「重衡朝臣知行、国司を申し改む」と書かれている（『吉記』）。後白河院は院分国《いんぶんこく》（上皇や女院・皇后宮等に国守を推挙する権利を与える知行国類似の制度）をそれまでの伊予から備前に変更し、近習の高階信章《のぶあきら》を国守に起用しようとした。しかし宗盛が、重衡が備前の「国務」を執る(知行国主になる)べきだと申し、結局院は以前のように伊予を知行することにした。それで備前守が信章から平時基に変更され、信章は伊予守に移る。備前は重衡の前任の知行国主が舅の藤原邦綱であるから、その権益を引き継ごうとしたのだろう。平時基は重衡の「曾祖父」正盛の孫であるが一門傍流・末流の人物で、重衡はその彼を名目上の国守に起用したと思われる。この人事は清盛没後であるから、宗盛の差配のもと、重衡が動いた結果だろう。

重衡の備前の知行国主としての活動を伝えるものに、寿永二(一一八三)年四月備前国御野《みの》郡、現在の岡山市にある古刹金山《きんざん》寺の別当職の停止を命じた文書がある。これも金山寺住僧たちの要求をうけた「八条殿の御方々の仰せ」によるものである(『平安遺文』四〇八七号)。「八条殿の御方々」とは重衡の母の時子や姉たちを指している。これは平家の知行国支配の実権が、清盛没後、後家の時子らに移ったことを示しているのであろう。

知盛の病

清盛は、感情の起伏の大きなタイプだった。情に厚く、家族肉親に対する愛情も人一倍だった。周囲に気配りができる優しい一面もあり、同時に沈着冷静、合理的で、思い切りのよい顔も見せる。なかなかに複雑な性格の持ち主である。奔放な素地に修養の努力が積み重なった結果だろう。また平治の乱に快勝した点から見ても、武将として一流である。

彼と時子の間に生まれた男子は、清盛のそれぞれの美質をそれぞれに受け継いでいたと見られる。『平家物語』では、宗盛は幼子や肉親、従者に心優しく対する愛情あふれる面が、知盛は沈着冷静、時に果断な面が強調されている。重衡は、これは史実で確認できることだが、人柄がよく開放的で屈託のない性格であり、武将としての力量に秀でていた。清盛の資質をまるごと受け継いだ後継者が現れなかったのが、清盛と平家にとって悔やまれる点であろう。

清盛は「入道相国最愛の息子」とあるように、知盛をもっとも買っていたようだが、不幸にも病もちだった。知盛は治承四（一一八〇）年五月八日夜から重病に冒され、「万死に一生、頗《すこぶ》る物狂《ものぐるい》か」といわれた。清盛は一〇日、福原より上洛し、翌日あわただしく福原に帰っている。一二日には知盛が「平減《へいげん》（健康状態に戻ること）」しているので、愛息の急を聞いて見舞いに駆けつけ、病が峠を越えたのを確認して戻ったのだろう（『玉葉』）。病名の「物狂」であるが、石井由紀夫氏が指摘するように、『和名抄《わみょうしょう》』という一〇世紀前半に成立した日本最初の分類体の百科辞書では、「癲狂《てんきょう》（癲と狂）」を和語で「毛乃久流比（ものくるひ）」と読ませている。「狂（精神病性障害）」だったとは考えられないので、「癲」の症状と思われる。

「癲」は「発《おこ》る時に地に仆《たお》れ涎沫《えんまつ》（つばきやあわ）を吐き、覚《おぼゆ》る所無き也」（『令義解《りょうのぎげ》』戸令目盲《こりょうもくもう》条）とされる。この発作の状態と「万死に一生」という重篤が、数日で平癒しているところから見て、てんかんの可能性が極めて高いのではないか。てんかんは世界保健機関(WHO)の定義では、「種々の成因によってもたらされる慢性の脳疾患であって、大脳ニューロンの過剰な発射に由来する反復性の発作(てんかん発作)を特徴とし、それにさまざまな臨床症状及び検査所見がともなう」とある(日本てんかん協会HP)。短時間の間に発作を繰り返し、前の発作から回復しないうちに次の発作が生じる状態が続くと、命にかかわることもあるという。

治承四年は内乱が勃発した年であり、一二月から翌年にかけて近江・美濃の反乱勢力に対する平家の討伐戦が展開された。その時総大将に起用されたのは知盛だった。この追討戦は平家優勢に推移し、敵を美濃以東に押し戻すことができたが、翌治承五年二月、知盛は病に倒れ、美濃の戦線から帰還し、総大将を重衡と交代している。

てんかんの治療は、現在は「抗てんかん薬」を使った薬物治療が主流だそうだが、当時はもちろんそうした治療法はない。また、長期にわたる戦野での不規則な生活、睡眠不足、過度な飲酒や疲労の蓄積、冬の寒さなどが誘因となって、再び知盛の体調をくるわせた可能性は大いにあるだろう。治承五年の病気以後、史実として彼の行動に生彩を欠く面があるのは、この病をかかえた彼の体調不良にあったと考えたい。

いやそれ以前、仁安三(一一六八)年正四位下に叙せられてから、治承元年従三位に昇るまでの期間の足跡も、重衡に比べめざましいというほどではない。とくに安元二年一二月五日には、除目で右中将光能《みつよし》が蔵人頭に任ぜられた。この時の有力候補には近衛府内の序列で上位の左中将知盛がいたが、院の近臣である光能に越えられてしまった。

てんかんは三歳以下での発病がもっとも多く、八〇％は一八歳以前に発病するという。成人になる前から発作が現れていたとすれば、それが彼の官歴や行動を意外に地味なものにした可能性がある。もし清盛がこの病ゆえに知盛を他の誰よりも慈しんだとすれば、彼の人間性に新たな光をあてることになるのだが。

宗盛は愚人か

『平家物語』では、時子の息子たちのなかで宗盛と知盛が両極にいる。宗盛を暗愚で不甲斐ない一門の総帥、知盛を滅亡の運命を覚りながら、それにあらがって懸命に平家を支える人物として描き、愚兄賢弟を地でいっている。平家全盛期における清盛をおごれる暴君として、重盛を予言する賢人として二項対立で描いたのとあわせ、『平家物語』ストーリーの骨格をなす人物造型である。この構図では、重盛・知盛がいくら正論を吐いても、清盛と宗盛の存在により、平家の滅亡は避けることができない。

板坂耀子氏は、「現実には、これといった活躍もせず、特に行動の軌跡も残していない人物（注、知盛）の方が、「実現されなかった正しい方針」の主張者としては、より設定しやすく、選ばれやすいはず」と喝破している(『平家物語――あらすじで楽しむ源平の戦い』)。史上の知盛は存在感の薄い、行動面で知られるところの少ない人物だったから、作者が重衡の軍功を移し替えながら、そうした役柄に造型してゆくのはたやすかった。

一方、宗盛はまさに揶揄、嘲笑の対象で、その代表的な場面が覚一本巻四の「競《きおう》」である。源頼政の息子の仲綱《なかつな》から権柄ずくで愛馬を取り上げ、仲綱に恥辱を与えて以仁王の乱の原因をつくり、また頼政《よりまさ》の侍で渡辺党の快男児源競の機知に翻弄される愚かしさを描く。

鎌倉幕府が編纂した歴史書『吾妻鏡』には、壇ノ浦戦前に頼朝が弟範頼《のりより》にこまごま注意を与えた書状が掲載されており(元暦二年正月六日付)、そこに「内府(宗盛)は極て臆病におはする人なれば、自害はよもせられじ、生取《いけどり》に取りて京へく(具)して上るべし」の一節がある。確かな史料にも彼の性格の弱さが指摘されているように見えるが、あまりに見事な予言的中で、のちの知識で書いた作文、すくなくとも文面に潤色があるという疑いを禁じえない。さらに同書状は、二位殿(時子)や女房たちには少しも過ちがないようにしてお迎えしろ、しかしそのように相手に伝わったなら、二位殿は帝をお連れしてあの世に向かうかもしれないと記されており、いよいよその可能性は高い。

寿永元(一一八二)年九月一一日、重衡の郎従が但馬守経正《つねまさ》の従者に暴行を受け、重衡側が大規模な報復を行ない、経正と重衡の従兄弟同士が衝突寸前となる事件が発生した。あわやの衝突が回避されたのは、経正の父経盛が宗盛のもとに出かけ謝罪したからだった。宗盛が一門の総帥として全体の団結を維持する立場にあり、その役割を果たしていたことを物語る事実である。だからといって彼が優れた人物だったという証拠はない。

なぜ一門の総帥となれたのか

宗盛は自分と父の違いを、「故禅門は遺恨有るの時、直《じか》に報答、宗盛においては尋常を存じ、万事存ぜざるが如し知らざるが如し。よりて事におきて面目を損す（亡き清盛は遺恨があれば、時を移さず報復するような人だったが、自分は人からよく思われたくて、何事も見て見ぬふりをしてきた。だから事態に対処しようとして評判を落とすことがあった）」と語ったことがある（『玉葉』養和二年三月一二日条）。清盛評は、加齢と権力を握っているのに狎《な》れ、こらえ性をなくした晩年の姿を念頭に置いているのだろう。これに対し宗盛の自己評価は、寛大過ぎて失敗もあったというのであるが、弁解がましく、英雄の条件である父の果断さを持ちあわせていないのを自認している。両者の感情の密度と、それを行為に移す迫力の差は明らかである。

清盛没後からあまり日の経たない養和元（一一八一）年三月一〇日、彼に「食瘕《しょつか》の病」ありの噂が流れた。瘕は腹の病で、不消化や熱によってできる腹中のかたまりを指すらしい。別の噂では「しからず、天性大食の人」ともいう（『玉葉』）。大食らいの食べ過ぎの結果だというから、どう見ても好意的な評ではない。もっともこんな噂を書き記したのが平家嫌いの九条兼実だから当然かもしれないが。

寿永元年一〇月二一日に安徳天皇の大嘗会御禊行幸《だいじょうえごけいぎょうこう》があった。天皇は即位にかかわる最後の仕上げの儀式である大嘗祭に臨むため、その前月の下旬に禊《みそぎ》を行なう。平安中期以降、おもに鴨川の三条河原で行なわれた。行幸の日は節下《せちげ》の大臣以下文武百官が従い、女御以下女官も車を連ねて供奉し、行程中の服装も華麗である。節下の大臣は儀式に立てる旗の下で事を執り行なう大臣のことであり、この日は内大臣宗盛があたった。立てた旗の柄が折れるなど、いろいろ違例の多い行幸だったが、宗盛が待賢門《たいけんもん》前と三条京極のそれぞれで落馬したのも人目を引いた(『玉葉』)。こういう場合、馬には左右に口取りがついて牽《ひ》くのであるから、落馬など起こりにくい。まして武家の棟梁が二度も落馬とあっては、面目丸つぶれの大失態だった。

『平家物語』が描くような他人への情愛の深さが、自己への厳しさをともなっていれば、一個人としては申し分ない。それが自らにも優しければ自他に甘いお坊ちゃんである。加えて政治に生きる人間なら、時に非人間的な冷酷さも求められよう。『愚管抄』によれば、都落ちの時、宗盛は茫然自失の状態だったというから、巨大権門の頭首としては危機管理能力に足らざるところがあったのだろう。

それでは知盛や重衡ではなく、なぜ宗盛が一門主流を率いて先行する重盛に肉薄し、その死後は平家の棟梁となることができたのだろう。重盛は院の覚えが悪くなく、人望があり、平治の乱では若き武将として輝かしい功があった。加えて筆者は摂関家の血を引いている可能性があると考えている。

その彼に追いつき追い越すためには、時子たちは「母太郎」つまり嫡妻の長子という、イエや家族における制度・実態両面にわたる優位性を前面に押し出さなければならない。そのことはブーメランのように、時子の生んだ男子間の序列にはね返ってこざるをえない。個人の能力の有無、優劣ではなく、嫡妻の長男であったのが、彼を平家棟梁の地位に押し上げた根本の理由であった。このため知盛や重衡の朝廷内の位置は、宗盛のはるか後塵を拝していたばかりか、宗盛嫡子の清宗に比べても昇進は一層緩慢なものがあった。そしていまは主流派を構成する彼らも、一世代経てば確実に傍流へと転落する運命がまちうけている。

第三章　内乱の中の二人

——平家の大将軍として——

平家の「御家人」

御家人《ごけにん》といえば、まず鎌倉幕府のそれを思い浮かべがちだが、彼らの専売特許ではない。室町幕府にもいる。江戸幕府にも少し変わった形であるが存在する。平家全盛期の家人《けにん》もまた「御家人」だった。

御家人とは、もともと家人と呼ばれる主人に仕えた従者である。それがただの家人でなく、「御」を冠して御家人と呼ばれるようになったのは、彼らが国家レベルの軍事警察を担当する役割をえたことに由来する、と考えられる。平家は平治の乱後、国家を守護する任務を担うようになった。そして一一七〇年代後半になると、諸国の御家人を、国を単位に輪番で上京させ、天皇の住む内裏（閑院内裏）の警固を行なわせるようになっていたらしい。天皇の「玉体」の安穏を実現し、都の平安を維持することが、平時の国家守護を象徴していたのである。

御家人と呼ばれたか否かということは、たんなる用語の問題ではなく、平家政権の性質をどう見るかという問題とかかわっている。平家の政権は鎌倉幕府にくらべ中途半端な武家政権で、貴族化したため、勃興《ぼっこう》する武士層の信望を失い短命に終わった。そういう理解は、中世史研究者の世界でこそ修正されつつあるが、歴史教育の基調、国民の常識としてはいまだ抜き難いものがある。

しかし、保元の乱以前でも、源平の棟梁のような武士は、中下級とはいえまぎれもない貴族(軍事貴族)である。そもそも武士は、私見では都の宮廷や貴族社会の中から生みだされてきたものだった。貴族と武士を、階級的性格を異にする新旧両勢力として、頭から対立関係にあるものと理解することは、歴史の現実にあっていない。

筆者は、平家の政権は、それらの先入観を排し、もっと冷静・客観的に評価すべきものと考え、前著『平清盛　福原の夢』で、平家こそ史上初の幕府(六波羅幕府)だと主張した。すなわち京都六波羅を拠点に、諸国御家人に国家の軍事警察の仕事をやらせる。最高実力者の清盛は摂津福原に居を構え、めったに上洛しないことで後白河法皇の権力に距離を置き、親平家の公卿に自らの利害を代弁させる。この政治方式は、確実に鎌倉幕府に受け継がれた。源頼朝は清盛の手法から多くを学び、それをより強力かつ整備されたものにした、と述べたのである。

保元の乱以前の武家の「棟梁」は、まだ家人を多数抱えるための経済的な裏づけを有していなかった。しかし、保元・平治の乱前と乱後では、平家の政治的・経済的力量はまったく異なる。勢威勢力の急速な増大により、御家人らに、奉公に見あう御恩を与える条件は、比較にならないほど調った。

『吾妻鏡』によると

その状況を総括的に語るものが、『吾妻鏡』の、

> 前々地《さきざきじ》頭《とう》と称する者は、多分平家の家人なり、これ朝恩にあらず、あるいは平家の領内その号を授けてこれを補し置き、あるいは国司領家、私の芳志(好意)としてその庄園に定め補す、また本主の命に違背せしむるの時はこれを改替せり、しかるに平家零落の刻《とき》、かの家人の知行の跡(遺産)たるによりて、没官《もつかん》(没収)に入れられ畢《おは》んぬ

という有名な一節であろう(文治元年一二月二一日条)。

ここには、平家が自らの荘園内で荘官(荘園の現地管理者)の職《しき》(職務およびそれにともなう収益権)を給与する、または平家が推挙して他の貴族の荘園内の職をえさせる、という二つの御恩給付の方式が示されている。これがすなわち鎌倉幕府の地頭制に先行する平家時代の地頭なのであるが、後者の具体例として、『顕広王記』中の「今戌《こんいぬ》(の刻)、伊与庄下司《げし》の下文、三位中将(知盛)に献じ了《おは》んぬ、これ吹挙せらるるによりてなり」という記事をあげておきたい(安元三年二月二二日条)。神祇行政の責任者であった顕広王という貴族は、ある人物を自分が伊予国に持っていた荘園の下司(上級の荘官で、年貢など各種貢納物の徴収・上納にあたった)に任命するとい

う下文（命令文書、この場合辞令）を作成し、知盛に贈った。どうやら知盛が自分の家人を推挙していたのが功を奏したらしい。下文が、下司本人ではなく知盛に献上されている点が興味深い。下文は知盛から家人に手交されただろうから、知盛自身が任命したのと同じ効果が生ずる。知盛の要望に応え、かつ平家御家人の武力を利用すれば、荘園領主の命令に従わない者を押さえつけられ、荘園の支配秩序も安定するから、顕広王側もメリットありと思ったのであろう。

時期ははっきりしないが、高野山菩提心院領備前国香登荘《かがと》（現岡山県備前市）では、業資《なりすけ》なる人物が「平家執権《しつけん》の時、重衡卿に属し、妄《みだ》りに濫行《らんぎょう》を成すの刻、理不尽をもつて横しまに下司に補」された（『鎌倉遺文』六八七号）。重衡家人の業資が、主人の威を借りてむやみに乱暴を働き、さらに無法にも香登荘の下司の地位についたと非難されている。業資の年貢未進や違法行為、なかでも下司職就任の経緯は、鎌倉時代に入って、彼の下司職を解任するための理由づけとして、誇張されている可能性もあり、正確なところは不明だが、これもおそらくは知盛の場合同様、重衡が口を利いて、自分の家人を下司に押しこんだケースだろう。

譜代相伝の家人

当時家人には「家人」と「家礼《けらい》」の二つのタイプが存在した。後者は、期限つきで決まった量の奉仕を行ない、去就後背を権利として有する従者をいう。主従の結びつきがゆるやかで主人に対する恩義の意識も相対的に希薄なため、政治の風向きしだいで敵にも味方にもなる。数も多いから政治史の行方を左右する要因となる。これに対し前者は、主従の強固な関係に縛られた従者で、その典型が「譜代相伝《ふだいそうでん》の家人」だった。譜代相伝という言葉は、中世社会でもっとも頻繁に使用された言葉の一つで、代々その家で受け継いで伝える、祖先から代々伝わっているの意味である。家礼(門客《もんかく》)と家人、双方への評価は、都落ちの時宗盛が、頼みとする有力郎等に対し、「いかに況《いわん》や汝等は、一旦したがひつく門客にあらず、累祖相伝の家人なり」と述べたことに(覚一本巻七「福原落」)、よく示されているだろう。

出身からいうと、平家の有力「家人」にはやはり二つの型があった。

(A) はじめから従者であった家人。その代表はなんといっても伊藤(藤原)氏である。彼らは一一世紀前期に活躍する伊勢平氏の祖維衡以来の結びつきらしい。保元の乱で活躍した伊藤武者景綱《かげつな》の子には、戦死した忠直《ただなお》(伊藤六)のほか、伊藤忠清《ただきよ》(伊藤五)・景家《かげいえ》の兄弟があった。忠清の子には上総太郎判官《ほうがん》忠綱《ただつな》・上総五郎兵衛尉《ひょうえのじょう》忠光《ただみつ》・悪七兵衛景清《あくしちびょうえかげきよ》・上総判官忠経《ただつね》ら、景家の子には飛騨大夫《ひだのたいふ》判官景高《かげたか》・飛騨三郎左衛門景経《かげつね》らがおり(図10参照)、いずれも『平家物語』に登場する侍大将クラスの存在である。瀬尾《せのお》兼康《かねやす》・難波経遠《つねとお》も先祖相伝の家人だが、彼らは備中・備前を本拠とする「片田舎ノ者」で、「忠清・景家躰《てい》ノ者」とは重みが違う(延慶本巻二の十三)。「忠清、忠綱」は「平家ノ羽翼《うよく》」ともいわれた(延慶本巻八の二)。

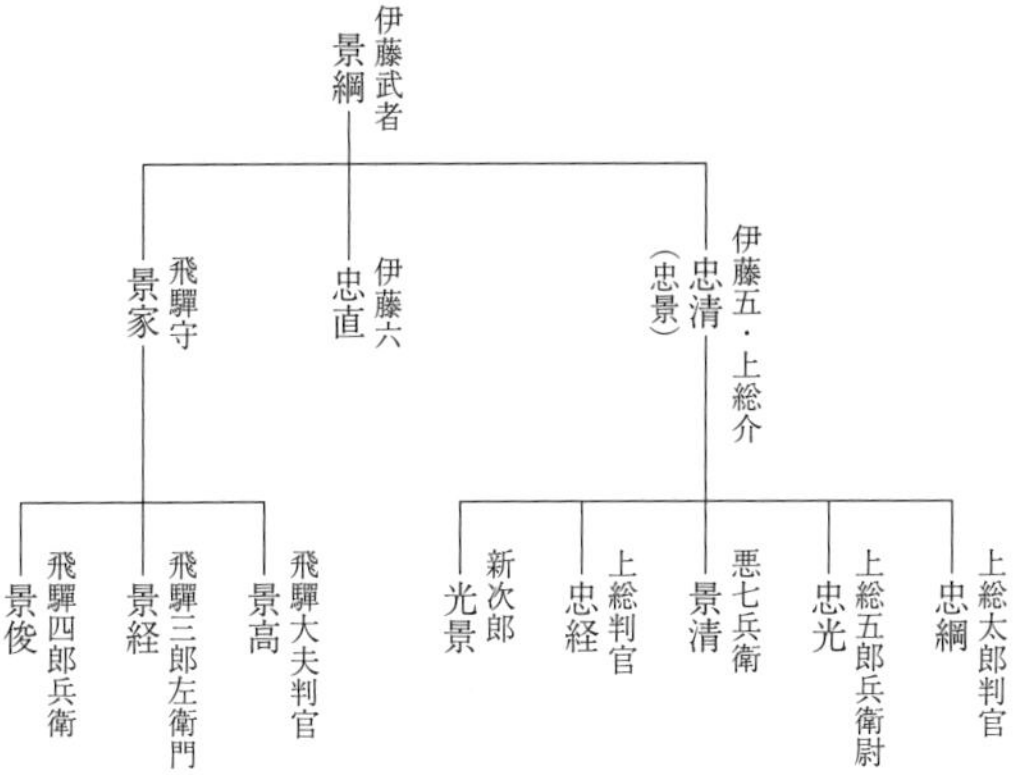

図10　伊藤景綱の子孫

(B) 伊勢平氏の構成員であった者の子孫で、早くに家人化した存在。その代表が、筑後守家貞《いえさだ》とその子平田入道家継《いえつぐ》・肥後守貞能《さだよし》・中務丞家実《なかつかさのじょういえざね》の兄弟、あるいは家貞の弟薩摩入道家季《いえすえ》とその子薩摩中務丞家資《いえすけ》らである（図11参照）。家貞は『平家物語』の「殿上闇討」で忠盛に従って主人を闇討ちから救ったとされる郎等である。また主馬《しゅめ》判官盛国《もりくに》とその子越中前司《ぜんじ》盛俊《もりとし》・摂津守盛信《もりのぶ》・主馬八郎左衛門盛久《もりひさ》の三兄弟、盛俊の子越中太郎判官盛綱《もりつな》・越中次郎兵衛盛次《もりつぐ》（嗣・継）、盛信の子摂津判官盛澄《もりずみ》らも著名な家人だろう（図12参照）。

重要なのは平家の御家人は、全体を束ねる清盛に一元的に統率されているのではなく、平家一門を構成する各家と個別に主従関係を結んでいたことである。鎌倉幕府では、範頼（頼朝の腹違いの弟）や義経（同）が率いる軍勢は、そのほとんどが頼朝の御家人

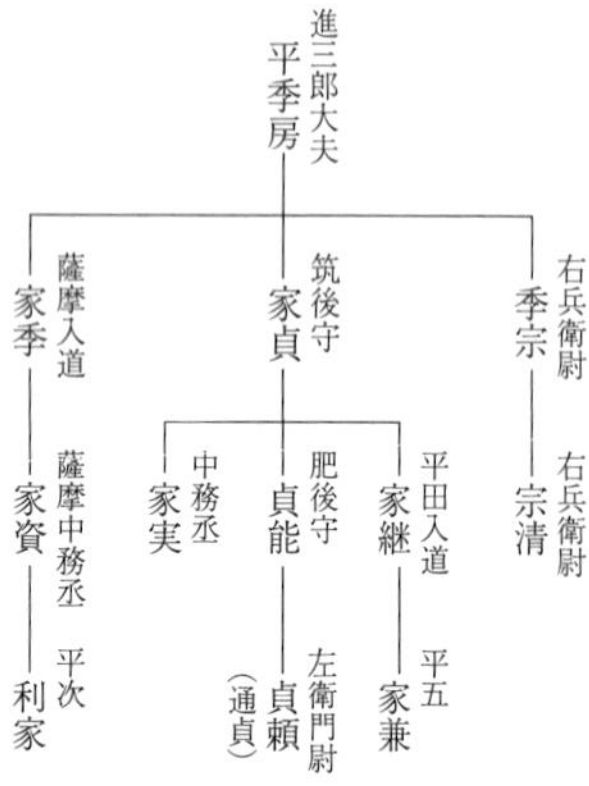

図 11　平家貞らの家系

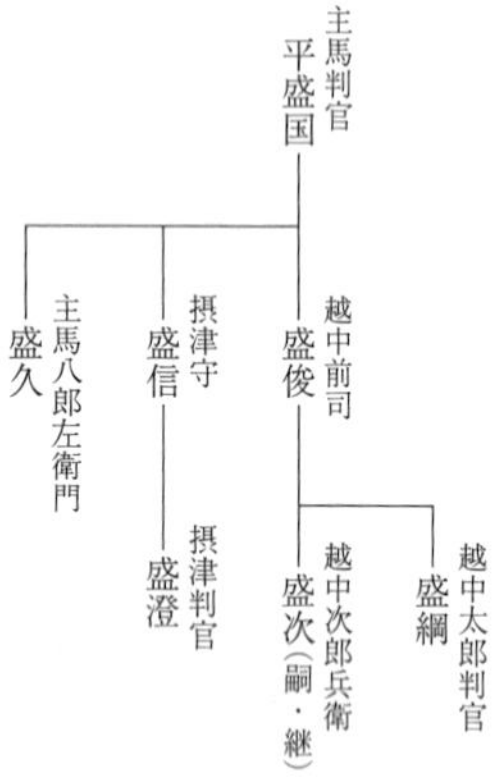

図 12　平盛国の子孫

を代官の立場で預かっているに過ぎない。この違いは範頼・義経が内乱中はまだ冠者《かじゃ》と呼ばれる無官の存在であったのに対し、清盛の兄弟や子供は平家の政界進出によって、それぞれ上流貴族として自立した家政機関を持ち、侍所《さむらいどころ》を通して侍たる御家人を統制するようになっていたことによる。侍所も鎌倉幕府がはじめて開設したものと思われるかもしれないが、もとは平安中期以後、院・親王家・摂関家・大臣家など三位以上の者が設け、主人に仕える侍（四～五頁参照）を管理統制する機関であった。平家を構成する家ごとにそれがあるのは当然である。

なお清盛が摂津福原に退隠した仁安四（一一六九）年を前後として、彼の御家人にたいする支配権が、子供たちのそれぞれに分配譲与されたであろうが、その後の清盛の政治力の大きさからいって、家人にたいする支配権を完全に手放していたとは考えられない。いぜん清盛の影響力も残り、一種の二重支配状態が存在したのだろう。主人権移転の過渡的段階である。

家ごとの御家人

右のようなことで、平家御家人は一門を構成する各家に分散所属した。まず小松家であるが、重盛は清盛が握っていた国家の軍事指揮権をいち早く継承したから、父の家人の相当部分を受け継いだはずである。小松家家人の代表格は伊藤忠清の一族および筑後守家貞の子孫たちである。伊藤忠清は小松家の柱石であり、維盛の「乳母夫《めのとふ》（乳父《めのと》とも）」であった。乳母と養育される主人の子女（養君《ようくん》、やしないぎみとも）は生涯にわたって親密な関係を持ち、乳母の夫は養君をもり立てる有力な後見人、乳母子《めのとご》（乳父子・乳人子）も養君にもっとも忠実な従者だった。乳母子は養君と年齢の近い場合が多いが、必ずしもいっしょに乳を飲んだ関係とは限らず、年が離れている場合もある。家貞の子貞能は資盛の出陣にあたってつねに行動をともにしており、明確な証拠はないが、資盛の乳父ではなかったかと思われる人物である。

一門主流では、忠清の弟伊藤景家が宗盛の乳父で、その一族が宗盛の最大の軍事的支柱であった。また清盛の家政機関を取りしきったいわば大番頭格の平盛国の子孫、とくに盛俊・盛次の父子や、大輪田泊に経島を築く奉行の役を務めた阿波民部《あわのみんぶ》大夫成良《しげよし》らもいた。重盛と宗盛は九歳違いであり、平治の乱で重盛が派手な活躍を見せたのに対し、宗盛は当時まだ一三歳である。このことから、相伝の家人は、当初嫡流の道を歩んでいた重盛に手厚くつけられ、宗盛には相対的に少なかったのではないかと思われる。嘉応元(一一六九)年一二月、延暦寺の強訴にそなえるため、法住寺殿に集結した平家の軍勢は、「前大納言重盛卿以下三人」率いるところの「五百騎」で、その内訳は「件の卿(重盛)二百騎、宰相中将宗盛百三十騎、前大弐《さきのだいに》頼盛卿百五十騎」であった(『兵範記』同月二三日条)。この結果、一門主流は、平家が政界の中心になって以後主従関係を結んだ家人・家礼を、より多く組織していたのではないだろうか。

知盛には源為長《ためなが》以下がつけられた。為長は、清盛が永暦元(一一六〇)年後白河院の命で、二条天皇親政派の権大納言大炊御門経宗・参議藤原惟方を捕縛し拷問を加えた時、忠清とともに働いた郎等である。その長子為範《ためのり》は知盛の乳父であった。侍大将クラスとして北陸道篠原合戦で討ち死にした武蔵三郎左衛門有国《ありくに》も「新中納言殿(知盛)の侍」だった(『源平盛衰記』巻三十「平氏侍共亡」)。その他、「究竟《くつきやう》ノ弓ノ上手」の監物《けんもつ》太郎、「新中納言一二ノ者」と呼ばれた伊賀《いが》平内《へいない》左衛門家長《いえなが》らがいた(延慶本巻九の廿四・廿八)。重衡には後藤兵衛盛長《ひょうえもりなが》や、一の谷戦後重衡の使いとして屋島の宗盛のもとにおもむいた平重国《しげくに》がおり、正盛の孫時基も側近の人物である。

頼盛の池大納言家には、平治の乱後囚われの頼朝を預かった有名な弥《や》平兵衛宗清《へいひょうえむねきよ》がいる。宗清も伊勢平氏一族中家人化した人物の子孫で、筑後守家貞の甥である。頼盛・教盛ら清盛の弟たちの家人の中核は、当然父忠盛から譲られた。したがって、彼らの家人支配にたいする清盛（重盛・宗盛）側からの干渉など、本来はありえないものであった。

源平合戦か治承・寿永の内乱か

治承四（一一八〇）年から元暦《げんりゃく》二（一一八五）年の平家の滅亡まで、足かけ六年にわたって展開された全国的な戦争は、一般には源平内乱または源平合戦とよばれている。しかしこの内乱はたんに源平両勢力間の戦争たるにとどまらない。そのことは、戦後の歴史学の発展に大きな足跡を残した古代・中世史家の石母田正が、早く一九五〇年に「（日向《ひゅうが》・薩摩のような）源平争乱とは直接関係のないもっとも僻遠の地方においても、この内乱時代に、国衙を襲撃して、土地台帳（注、租税を賦課する台帳の意味がある。筆者）を破棄するような叛乱がひろまった」ことに注目しつつ、「この内乱を源平の争覇とかんがえる伝統的な思考がいかに浅薄なものであるかはこれだけでも明瞭であろう。すくなくとも内乱と規定する以上は、主要な階級がそれぞれの利害と本質にもとづいて、全国的にしかも公然と行動するものでなければならぬ。ただかかる内乱が源平の争覇と交替という現象形態をとらざるを得なかったところに、この変革期の歴史的性格が集約されているのである」（『古代末期政治史序説』）と指摘している。石母田はそういう意味をこめて、この内乱を当時の年号をとって治承・寿永の内乱とも呼び、以後それが学問上の名称として定着した。

その後、日本の中世史学では、石母田が同内乱を古代から中世への変革にともなう激動ととらえたのに対し、院政期を初期中世社会とみる学説が登場し、支持されてゆくなかで、治承・寿永の内乱の歴史的な位置づけがはっきりしなくなってしまった。その結果、内乱の基本性格がいかなるもので、それがなぜ「源平の争覇と交替という現象形態」をとったのかという問いは、十分な論及がないまま、重い宿題として今日にいたっている。筆者は、序章でも少し触れたように、平家が治承三年のクーデタによる政権掌握と知行国・荘園の大量集積によって、当時深刻化しつつあった中央―地方間の矛盾対立を、支配層内部でまったく孤立したまま、一手にひきうけざるをえなかったという事実のなかに、この宿題を解くための鍵、第一の突破口があると考えている。そのことを全面的に論じるのは本書の目的ではないので、次なる目標として他日を期したい。

ともあれ、こうした中央に対する地方の反乱、有名・無名の地方武士や現地の有力者、各種集団による国衙・荘園の支配への反抗の運動こそ、内乱の底に激しく渦巻くものであった。だから治承四年五月、以仁王《もちひとおう》が平家打倒のための挙兵を呼びかけると、反乱は時をおかず全国化した。八月には伊豆で頼朝が、九月には信濃で木曾(源)義仲《よしなか》が、甲斐で武田(源)信義《のぶよし》が挙兵し、彼らはすぐに全国的反乱の中心勢力に発展してゆくが、それは右の動きに連動し、それらを鼓舞し、直接間接にそれらを利用することによって、はじめて可能となったのである。

内乱の始まった年の一〇月、平家は頼朝らを討とうと遠征して、駿河《するが》の富士川で敗れた。一二月以降、近江・美濃で反平家勢力の討伐戦を続け、また南都の東大寺・興福寺を焼き討ちした。翌年正月には畿内《きない》(王城を中心とした特別行政区。山城・大和・河内・和泉・摂津の五カ国)と伊賀・伊勢・近江・丹波諸国を軍政下におくため、宗盛を惣官の職に任じ、態勢の立て直しをはかるが、閏《うるう》二月一門の総帥清盛が病死。おりからの旱魃《かんばつ》・飢饉でしばらく戦線は膠着《こうちゃく》する。

再び大規模な戦闘が起こるのは、寿永二(一一八三)年で、平家は北陸道の木曾勢力を追討しようとして大敗を喫する。同年七月義仲軍の追撃に都を追われ、安徳天皇を奉じて西海に逃れた。一時勢力を回復した平家であるが、寿永三(一一八四)年二月摂津の一の谷、翌年二月讃岐の屋島で破れ、同年三月長門壇ノ浦の海戦を最後に滅亡を迎える。

平家軍の構成

天皇を奉じる平家が反乱勢力に正面から立ち向かおうとする時、派遣の軍勢は、追討使に率いられた国家の追討軍の形をとる。そして、その戦闘部隊は、平家一門をはじめ家人・郎等からなる直属軍と、各地から動員した直属軍以外の軍事力からなっていた。実際の戦闘にあたっては、追討使に先だって遣わされる精鋭な部隊の存在が注目される。このいわば先制打撃力の代表的事例が、以仁王の乱時の忠清・景家らである。

内乱の発火点となった王の反乱は、短時日で鎮圧されたこともあり、実際には直属軍のさらに一部のみが働いた。王は平家のクーデタによって停止された父後白河の院政を復活し、正統な国家権力秩序への復帰をめざしていた。王が挙兵時に頼みとしたのは摂津源氏の頼政以外では、京都周辺・奈良の大寺院勢力である。しかし、乱が未然に発覚したため、以仁王らはいったん園城寺《おんじょうじ》(三井寺)に逃げこみ、二六日南都に向けて走った。平家はただちに飛驒守景家・上総介忠清に追撃させ、ついで重衡・維盛を大将軍にして宇治に向かわせる。宇治平等院で追いついた景家・忠清らは宇治川を強行渡河、激戦の末頼政らを討ち取る。その間に以仁王が奈良に逃げこもうとするのを、追いすがり綺田《かばた》河原(現京都府木津川市山城町)で首をあげた(図13参照)。

忠清・景家らの先遣部隊と後続の部隊を率いる大将軍重衡・維盛との関係はどうかというと、平家内で忠清が出動し、しかも大将軍の追加投入が必要となれば、正規の承認をえずとも大将軍は維盛と自動的に決まっていたようだ。というのは二人は前に述べたように主人と従者、養君と乳父の関係で、実態はいまだ軍事に練達しない若き大将とその指南役兼実質的な指揮官の組み合わせである。覚一本では富士川合戦の前に、忠清が「福原をたゝせ給し時、入道殿(清盛）の御定《ごじょう》（ご命令）には、「いくさをば忠清にまかせさせ給へ」と仰《おおせ》候《そうらい》しぞかし」と語ったとあるが（巻五「富士川」）、忠清のような存在に支えられてこそ、維盛に大将軍が務まるのである。

一方、景家と重衡にはそのような特別の関係はない。しかし巨大権門の公的な代表になった時点以後の宗盛は、直接兵を率いて戦場に出るなど、よほどでなければありえない。宗盛の代わりに彼の家人の指揮を任されるとすれば、第一に同母弟の知盛・重衡であるはず。この面に限れば、彼らは源氏における範頼・義経らの立場に似ている。

図 13　源平合戦図 1

連合艦隊としての平家

第二次大戦前の日本軍には建制《けんせい》と軍隊区分という用語があった。前者は本来的で恒久的な軍隊の編制、後者は作戦目的に応じて必要な兵力を建制とは直接関係なく、一時的に区分・編制・組織することである。家ごとの主従制はいわば建制にあたり、臨時に知盛や重衡の指揮下に入るのは軍隊区分に相当する。そして知盛は健康面の不安を抱えていたから、普通は宗盛の御家人を率いるのは重衡であり、それに景家やその子供たちが事実上の指揮官として付き添った。

こうして重衡と維盛は、一門主流と小松家という平家内二大勢力を軍事的に代表するとともに、遠征軍が編制される時、その優勢な立場から参加各部隊をゆるやかに束ねた。これに連合艦隊というたとえを与えるとして、戦前の日本海軍と平家軍では大きな違いもある。連合艦隊司令長官は、外戦部隊である全艦隊の指揮・展開をつかさどる。しかし平家遠征軍が各家の連合である時も、連合艦隊司令長官にあたる制度上の存在はいない。二大艦隊、いやそれ以外の小艦隊も本質的にはそれぞれ独立した存在であった。平家の中に大将軍と呼ばれる人物が艦隊の数だけいるのはこのためである。

富士川戦の敗北の実際

同じたとえでいえば、内乱初年度の一〇月、関東の反乱勢力を討とうとして駿河《するが》の富士川で惨敗した遠征軍は、二大勢力中小松家のみの出動で、それが一門傍流の群小艦隊を大きくまとめていた。この時小松家の軍団が派遣されたのは、忠清の存在が一つの理由だったのではないか。というのは忠清は、罪をえて一時上総国に配流された過去がある。治承三(一一七九)年一一月の清盛のクーデタに際して、従五位下上総介に叙せられた。そのころから坂東「八箇国ノ侍ノ別当」として(延慶本巻五の十八)、東国における平家御家人の監督にあたったと推察される。彼の東国にかんする知識および右の経歴が期待されたのであろう。

この戦いは頼朝軍が戦場に間に合わなかったので、実際には武田氏ら甲斐源氏と追討軍の戦いになった。時に平家軍が水鳥の羽音に驚いて戦わずに敗走した、という話はよく知られているが、平家の武士の弱さを語る格好《かっこう》の例として憫笑《びんしょう》すべきではない。富士川戦前に現地の平家方勢力は、甲斐と駿河で二度までも甲斐源氏の安田義定《よしさだ》とその兄武田信義らによって壊滅させられており、遠征軍は事前にあてにしていた兵力を損じ、戦闘意欲を失っていた。対陣中に味方がいきなり数百の単位で敵に投降するという事態も発生した。

平家の武士が弱兵であるように見えるのは、負けたという結果からの類推である。加えて読み本系『平家物語』は、東国の資料を多くとり入れて成ったもので、伊豆での源頼朝の挙兵から首尾よく天下を平定するまでの経過を詳しく記しており、源氏の武士たちの戦功譚を集積した一面がある。覚一本も延慶本的なテキストを刈りこんだものだから、東国武士の勇猛さを強調する見方が貫かれている。戦功を誇る説話の集積だから、彼らが実際以上に強く描かれて何の不思議もない。

平家軍が水鳥に驚いて逃げたというのは確実な史料に見えるから（『山槐記』一一月六日条）、史実と考えてよい。が、どうやらそれは、忠度らの部隊が京都にもたらした情報で、自らの敗走を弁解するため、主力がふがいなく潰走したことを強調する必要があったからと考えられており、寄合所帯ゆえの誇張された内情暴露と考えるべきである。維盛自身は「あへて引退すべきの心なしと云々、しかるに忠清次第の理《ことわり》を立て、再三教訓し、士卒の輩、多くもつて之に同ず、よりて黙止《もくし》する能はず」（『玉葉』治承四年一一月五日条）と伝えられており、敗軍のなかで健気にも戦意を失わなかったらしい。

しかるにこの惨敗は、そのころ諸事思うに任せず、いらだっていた清盛の激怒を招いた。清盛は、勢多《せた》（現滋賀県大津市瀬田）まで逃げ帰った維盛にたいし、「不覚の恥家に残り、尾籠《びろう》の名《な》世に留まるか」と罵倒し、入京を認めずと言い放った（『玉葉』一一月五日条）。維盛は一一月六日、密かに六波羅団地の伊藤忠綱の宅に入ったが、藤原定家など、遠征軍と迎え撃つ側では条件が違う、「況はんやまた疲足の兵、新騎の馬にあたり難し」と、むしろ維盛に同情的であった（『明月記』一一月七日条）。

なお『平家物語』では、責任者たる維盛が敗戦直後の一一月一〇日に右近衛少将から中将に昇任し、人びとが「これは何事の勧賞《けんじょう》ぞや」と陰口をいいあったとある（巻五「五節之沙汰」）。実際に右近衛権中将になったのは翌年六月一〇日なので、これも人びとの非難を集めることで、維盛の軍事的無能ぶりを印象づける物語の作為であろう。

近江・美濃の戦野で

富士川戦の次の大きな戦いは、治承四（一一八〇）年一二月の近江征討から翌年三月の墨俣合戦まで続く戦役である（図13参照）。諸国に源氏が蜂起し、四面楚歌のなかで福原での新都建設が中途放棄され、一一月下旬、天皇以下が京都に帰還した。同じころ近江・美濃で反平家勢力の活動が活発になった。近江は北陸道からの年貢租税の上納ルートにあたっており、東国への関門である。この地が政権の死命を制するため、大がかりな追討軍が派遣された。

一二月一日、まず伊賀から平家貞の子平田入道家継が甲賀を攻めた。次いで翌日知盛が東国追討使として「一族の輩数輩を相伴」って東山道《とうさんどう》を進み、さらに伊勢平氏に属する平信兼《のぶかね》と有力郎等平盛澄の軍も続いた。伊賀道からは資盛が貞能を率いて向かい、伊勢道からは家人伊勢守藤原清綱《きよつな》が進んだ（『玉葉』）。湖東・湖南に布陣する敵を、三方向から挟撃する大作戦である。

最近新たに学界に紹介された藤原定長《さだなが》の日記『山丞記《さんじょうき》』によると、初め東国追討使には重衡が命じられたが、急に「禁中に祗候すべ」しと決まって、知盛が起用されたとある(一二月一日条)。『吾妻鏡』同年一二月一九日条に、追討軍出発の時に、宗盛の指示で知盛の家人橘公長《きんなが》が重衡に添えられたと見えているが、当初重衡が遣わされる予定だったのなら辻褄が合う。知盛は、代役とはいえ清盛最愛の息子で武官のキャリアが長く、治承四年当時すでに二九歳、正三位のれっきとした公卿である。平家一門を構成する武将とその御家人の多くが参加し、難しい統一指揮に指導力が求められる時、健康上の不安はあるが、適切の人事だったはず。知盛が率いた「一族の輩」については、藤原定家の日記『明月記』が清経・通盛(教盛長子)・経正(経盛長子)・忠度(清盛末弟)・知度(清盛六男)・清房《きよふさ》(清盛七男)らの名をあげている。前の想定に従えば、知盛は自らの御家人のほか、宗盛の御家人(その一部)を直率していたことになろう。

近江の反乱軍は、近江源氏を中心に美濃・尾張の武士たちに支援されて強力だった。加えて知盛の本隊は、後方を延暦寺・園城寺の大衆に攪乱されるなど苦戦を続けた。それでも、伊賀道経由の資盛の部隊を合流させ、一三日には馬淵城(現滋賀県近江八幡市)を落とし、二百余人をさらし首に、四十余人を捕虜にした。さらに敵の主将の一人山本義経《よしつね》の本拠山本城に迫るが、攻略に手こずる。そこで二三日には維盛が副将軍として増派された。そのかいあってか、平家は治承四年中に近江をほぼ制圧したようで、翌正月中旬になると美濃に攻め入り、二〇日には通盛・維盛らが、美濃源氏光長《みつなが》の城を攻め落とした。

南都焼討

平家が福原の都をあきらめ京都に帰ってくると、興福寺との対決が再燃する。覚一本の巻五「奈良炎上」では、清盛が南都の狼藉を鎮めるため、瀬尾兼康以下五百余騎を派遣したが、武力行使に慎重であったため、つけこまれて六十余人が斬首された、それで重衡を大将軍とする追討軍が派遣されたとする。

平家郎従の大量斬首が史実かどうか怪しいが、以仁王を支援した過去があり、かつ関東方の近江進攻に呼応して上洛準備をしている、との報のあった南都勢力に打撃を加えるのは、清盛としては必要な措置であっただろう。禁中祗候の任を解かれた重衡が、数千騎を率いて勇躍進発したのが一二月二五日。二八日平家軍は泉木津(現京都府木津川市木津町)で合戦、木津川を攻め渡り、奈良坂・般若寺坂《はんにゃじ》の両道を通って南都に侵入した。現在では般若寺の前を通る道が奈良坂で、両者は同じものになる。この時期の奈良坂は、般若寺より二・五キロほど西のJR関西本線のルートに近い車谷道《くるまだにみち》、またはそれより少し西側の平城宮跡に至る歌姫道《うたひめみち》を指すらしい。河内方面から南都に攻めこんだ別軍は苦戦するが、これらの攻撃で興福・東大両寺の主要な堂舎が炎上、建物内に避難していた多くの僧俗が焼死した。『平家物語』は、夜陰の明かりとして放った火が強風にあおられて延焼したとするが、「悪徒を捕へ搦《から》め、房舎を焼き払ひ、一宗を魔滅（悪魔のようなしわざで滅すこと）すべし」との情報が事前に流れているから（『玉葉』一二月二二日条）、僧徒の居住する建物を焼き払うのは、当初からの計画だったらしい。

清盛は、高倉上皇の病篤きによって、少し前、前年のクーデタで停止した院政の復活を後白河に要請している。それで弱気と侮られてはならない、この際敵対勢力は容赦なく叩くと、決めていたのだろう。近江方面の戦況は好転し始めている。ここで前途の暗雲を一気に払いのけたい、南都攻撃は清盛にとって、そういう躍起ともいえる心理状態で敢行された。こうして知盛・重衡らの奮闘により、都の近辺ではなんとか敵を蹴散らし、軍事面での小康状態がえられる。

二月になって、知盛は前章で述べたように病により帰京、東国追討使を重衡と交代せねばならない事態になった。もともと当時の軍隊は、体質的に長期の遠征に堪えられないので、この間相当数の平家軍が京都に引き上げたと思われ、二月中旬ごろ美濃駐留の平家軍は「僅か七八千騎」といわれている（『玉葉』二月一七日条）。むろん、補充もあったようで、二月末には「阿波民部重（成）良の徒党」が、美濃で尾張の源氏方と交戦している（『玉葉』二月二九日条）。成良は、南都焼討の重衡率いる部隊の先陣を務めており、その後美濃方面に転出を命じられたのであろう。

清盛死去から墨俣の合戦へ

重衡は知盛に代わって東国追討使になったが、鎮西《ちんぜい》（九州）の情勢悪化により予定を変更して、九州に派遣されることになる。それで東国撃滅の将には宗盛の名があがり、「宗盛以下、一族の武士、大略《たいりやく》下向すべし」といわれるように（『玉葉』二月二六日条）、平家余力の大半がつぎこまれることになった。ところが、閏二月四日総師清盛が死んだ。一門をみわたしても、清盛ほど雄大斬新な構想力を持ち、闘争心旺盛な人物はいない。平家にとってこの上ない痛手だった。これにより、宗盛が一門の総師に立ち、出陣などありえなくなってしまう。

そうなれば、東国へ向かうのは宗盛の軍事面の代官たる重衡よりほかに人はいない。重衡は清盛の死後時をおかず東国へ下向するはずだったが、諸般の事情で出陣は遅れ、閏二月一五日ようやく「万三千余騎」の兵を率いて、美濃に向かう（『玉葉』同日条）。重衡より一足先に都を発った検非違使伊藤景高は、重衡に東国賊徒追討を命ずる後白河院の命令書を携帯していると噂されたが（実際は重衡本人が持参した）、彼も宗盛の有力御家人である。

重衡の出動によって陣容を強化した平家は、翌三月一〇日、墨俣川（現長良《ながら》川、岐阜県大垣市墨俣町）を渡って攻撃をかけてきた源行家《ゆきいえ》（頼朝の叔父）や義円《ぎえん》（義経の同母兄）らの源氏軍を迎え撃ち大勝を博する。重衡（頭中将）とならぶもう一人の蔵人頭（頭弁）吉田（藤原）経房《つねふさ》の日記『吉記』の治承五年三月一三日条には、美濃合戦の事注文風聞《ふうぶん》す、実説を知らずと雖もこれを注《しる》す。
三月十日、墨俣河の合戦において、討ち取る謀反の輩《やから》の首の目六《もくろく》(目録)
頭亮(重衡)方二百十三人内〈生取《いけどり》八人〉、越前守(通盛)方六十七人、権亮(維盛)方七十四人、
薩摩(忠度)方廿一人、参《み》河《かわ》守(知度《とものり》)方八人内〈自らの分有り〉、讃岐守(維時《これとき》)方七人〈同〉、
已上《いじょう》三百九十人内、大将軍四人、
和泉太郎重満〈頭亮方盛久自らの分〉、同弟高田太郎〈同方盛久郎等の分〉、
十郎蔵人息字《あざな》二郎〈薩摩守方〉、同蔵人弟(甥)悪禅師(義円)〈頭亮方盛綱が手〉
此の外負手(手負)、河ニ逃げ入る者等三百余人

との記事が見える。文中の「注文」というのは、事件の詳細や結果を記しつけた文書のことである。風聞とはいえ頭弁という宮中と太政官事務局の双方を掌握する能吏が入手した情報であるから、確度の高いものだろう。これによると、平家の大将軍として、少なくとも重衡・通盛・維盛・忠度・知度・維時らがいたのがわかる。後段は討ち取った敵の大将クラスの名で、割注を示す〈　〉内は功をあげた軍勢である。彼らのなかには、知度や維時のように、自ら敵を倒した者もいた。ふつう大将軍が最前線に出て直接敵を倒すことはない。知度らは同じ大将軍

とはいっても、率いる勢もわずかな、名ばかりの大将軍である。

また敵の大将首をとった者の注記から、越中前司盛俊の子盛綱、弟である盛久が、重衡の手に属する者であったと知れる。彼らも宗盛の御家人と推定されるから、臨時に重衡の指揮下に編入されたのだろう。

墨俣合戦に参加した顔ぶれが、富士川戦のそれと決定的に異なっていたのは、重衡の参加である。それは、一門主流の部隊が加わっていることを意味する。合戦においてとった首の多寡は、彼らが率いる軍勢の数にほぼ比例すると考えられるから、そこからも、重衡率いる隊が抜きんでた兵力を擁していたと判断できよう。

また史料に見えるように、あげた首の数からいえば維盛は重衡に次ぐ数である。主力にふさわしいまずまずの戦果をあげたことになろう。ところが『平家物語』でも後出の語り本系になると、維盛像は武将としての無能さ、女々しさというマイナスイメージが付着してくる。この戦闘でも維盛軍の参戦の事実を意図的に削っている(重衡もだが)。そのようにしてつくられた人物像は、維盛にとって不本意であろう。

そして延慶本は、墨俣の合戦の後の小競り合いでは先陣とそれに続く位置に景家・忠清が、中陣をはさんで、本隊に重衡・維盛の部隊が位置するという平家軍の陣立てを伝える(巻六の廿三)。先遣部隊と先陣の違いはあるが、基本は以仁王の乱の場合と同じで理屈に合っている。

以後、小康状態が続くが、養和元(一一八一)年七月ごろから、北陸道を中心に戦況が悪化、地盤の播磨などでも国守に背くものが出ている。八月一日頼朝からの和平提案を蹴り、平貞能を九州に派遣するが、肥後《ひご》の菊池隆直《たかなお》、豊後《ぶんご》の緒方惟義《これよし》らの反抗にてこずる厳しい情勢に直面していた。加えて前年五月ごろより始まった旱魃・飢饉がさらに甚だしくなり、疫病の流行も加わって悲惨極まりない状況になった。

昔から飢饉は三年続くといわれる。天候の不順はたいてい二年続き、二年目は前年より厳しく、そのため餓死者が出て生産体制が崩れ、三年目は天候が回復しても生産がもとに戻らないからである。養和の飢饉はまさにこのパターンである。これにより大軍を出動させる条件が整わず、東国の頼朝との間には偽りの休戦状態が続いた。

遠征軍はなぜ敗れたか

戦線が大きく動きだすのは寿永二(一一八三)年四月で、木曾義仲を盟主とする北陸道の反平家勢力を討つため、大軍が越前・加賀に進出する。追討軍はその勢「四万余騎」といわれ(『玉葉』六月五日条)、出立完了に一週間もかかった。この時は、侍大将に宗盛・知盛の有力御家人多数が含まれ、実質的には平家の総力を結集した戦いだった。ところがどういうわけか大将軍に重衡、まして知盛の名前は見えず、維盛を筆頭とする顔ぶれは、富士川戦メンバーと変わらない。

これは武門平家にあってすら、遠方僻地への征戦は名誉というより、生死を賭ける苦役の性質を持っており、一門の傍流や権力中枢から距離のある人びとが、まずあたるようになっていたからだろう。大将軍の顔ぶれは一門内の力関係を、その固定は人材の払底を表現している。

実際に追討軍の遠征準備が開始されたのは三月のことらしい。この時期は、養和飢饉の惨害から立ち直る負担軽減の施策が、積極的に打ち出されるべき時期であった。その大切な時に、平家の軍政下にあった畿内と周辺諸国では、根こそぎ動員が行なわれた。たとえば興福寺などは、宗盛側近の名前で、同寺領山城国相楽郡天山《あまやま》・和束《わづか》両杣《そま》(建築用材を切りだす山、現笠置町《かさぎちょう》・和束町)の杣工《そまく》(きこり)のうち、兵士として動員できる者は誰々か、リストを出せ、と命じられている。そしてその後、近隣の武士がたびたび現地に足を運び、提出のリストにもとづいて兵士と兵糧米《ひょうろうまい》を徴発している。大和国でも、荘園・公領(国衙の支配下にある公の土地)の別を問わず兵士が徴発された。春日社のある荘園で催促にあたったのは、郡内の武士的存在であり、さらにその背後には同じ宗盛の側近がいた。

兵士の徴発台帳になったリストは、あわただしく作成されたためか、ずさんなものだったらしい。兵士の動員にあたった大和の別の荘園の荘官たちは、「与えられたリストどおりに兵士の徴発を行なったので、そのなかに戦闘に堪えうるものがいるかどうかは、我々のあずかり知らぬところ」と開き直っている。和束杣でも杣工らは「我々は日ごろ「弓矢刀兵」を帯びるものではない。しかも三六人の杣工のうち二七人までを徴発するとは「言語道断」と抗議する(『平安遺文』四〇七九・四〇八〇・四〇八五号)。杣工は工兵として使えるにしても、こんな強引な徴発によってかき集められた民衆兵士が、戦闘意欲を持っているはずもなく、行軍や宿営のすきをねらって、脱走する者が続出したであろうことは、想像に難くない。

　和束杣では兵士のほかに兵糧米の徴発を行なっているが、近代以前の遠征軍の食糧・馬糧は基本的には現地調達である。当時「駆武者《かりむしゃ》」という言葉があった。平家と日常的な主従関係を結んでいる武士ではなく、国衙や荘園の力により駆り集められた地方の武士たちである。先に述べた平家の戦闘部隊のうち、直属軍以外の軍事力というのは、これである。徴発動員された民衆兵士同様、平家に格別の忠誠心を持たず、参戦の必然性もない。彼らにとって、戦《いく》さは稼ぎの機会でしかなかったとしても、驚くにはあたらない。念のためいえば、それは源氏軍の場合も同じである。これら武士は、すでに進発以前から、京都内外で目につく路上の「人馬雑《ぞう》物《もつ》」を、手当たりしだい強奪し、宗盛に訴えても、とても取り締まれる状態ではなかったという(『玉葉』四月一四日条)。当時の基準でも軍紀厳正ならざる寄せ集め集団だった。

　都を発った征討軍は、「かた道を給はッてンげれば」とあるように、往きの費用・必需品を道中で徴発するのを許されていた。だから途中で出合う都向けの租税・年貢を、ことごとく奪いとり、琵琶湖岸の村々を略奪しながら北上した。覚一本は、これを「人民こらへずして、山野にみな逃散《ちようさん》す」と記す（巻七「北国下向」）。覚一本は削ってしまったようだが、延慶本ではその記述に続けて、逃げ隠れた人びとが略奪を遠くから眺めながら、大声で一斉に「昔ヨリシテ朝敵ヲシズメ（鎮め）ムガ為ニ、東国北国ニ下リ、西海南海ニ赴ク事、其例多シトイヘドモ、此《かく》ノ如ク人民ヲ費《ついや》シ、国土ヲ損ズル事ナシ」と叫んだとある（巻七の八）。

富士川の戦いの時にも、戦さを恐れた伊豆・駿河の人民・百姓らが、野に入り山に隠れ、舟に乗って海河に浮かんで、夜ともなると至るところに炊事などする火が見えた、という短いくだりがある（巻五「富士川」）。合戦は無人の原野におけるマスゲームではない。あわせて民衆にとっての戦争というテーマに、ほとんど関心を示さなかった『平家物語』の中では、数少ない印象的な場面であろう。

内にも外にも怨みの声が満ちるなか、遠征軍は戦地におもむいた。同年五月から六月にかけて、越中・加賀の国境礪波山《となみやま》（現富山県小矢部市）、加賀篠原《しのはら》（現石川県加賀市篠原町）（図13参照）で大敗する要因は、すでに動員・行軍の段階ではらまれていたのである。加えて大軍のわりに最高指導部が弱体、重衡を欠いた片肺のままで、それが軍の統制を一層困難にした。『玉葉』は篠原合戦について、「敵軍纔《わずか》に五千騎に及ばずと云々。彼《か》の三人の郎等大将軍等、権盛（勢）を相争ふの間、この敗れありと云々」と記している。三人の郎等大将軍とは、「彼の家（平家）第一の勇士」といわれた越中前司盛俊・飛驒守景家・上総判官忠経の三人だった(寿永二年六月五日条)。つまり、敗戦の第一因が、決戦を前にした有力郎等間の、主導権争いにあったというのである。これは意地や名誉など個人レベルの争いを超えた、一門内二大軍事集団間の面子や利害にかかわる対立であろう。

重衡を欠いている分、維盛の果たすべき役割は大きい。遠征軍を束ねる者は、必ずしも個人的武勇・武芸に秀でている必要はないが、参加軍団の強弱や特徴を踏まえ、一丸となる態勢をつくる仕事がある。このたびは維盛の乳父たる忠清は、従軍していなかった。代わって補佐するその子忠経程度の実績では、一門主流側の平盛俊・伊藤景家といった大物郎等を説得できない。たとえ忠清がいたとしてもうまくゆくという保証はない。この状況では、維盛には全軍の合成力を実現するなど無理な注文で、実際それに失敗したのであろう。平家軍制の弱点はここでも噴出した。

地域社会から見た重衡・維盛

章の終わりにあたり、重衡や維盛が、各地の平家御家人や住人たちにどのように見えていたかについて、一つの事例を紹介しておきたい。西行の甥である紀伊国田仲《たなか》荘(現和歌山県紀《き》の川《かわ》市)の預所《あずかりどころ》(下級の荘園領主)佐藤能清《よしきよ》による、隣荘高野山領荒川荘(同右)への介入事件である。

荒川荘では以前より川向かいの田仲荘からの乱暴が続いており、高野山側ではその停止を宗盛に訴え、能清に狼藉を停止するよう命が下った。ところが治承五(一一八一)年四月二四日付の荒川荘百姓らの訴えによると、同月一八日、能清の弟と能清の郎従長明《ながあきら》(姓不明)らが荒川荘に打ち入り、放火・殺害・作麦の刈り取りなどを行なった。長明は田仲荘内に大きな軍事施設を設け、そこに「日々夜々、自国他国を論ぜず、頭殿《こうのとの》の御家人等が群集」しているという。そのうえ能清らは、「頭殿」や「権亮殿」の仰せがあったので、二五日午前中に荒川荘を焼き払い百姓・住人らを殺害するぞ、と触れ回って住人らを恫喝《どうかつ》した。また翌日付宗盛宛の高野山の寺僧の書状でも、同じ事態が「あまつさへ頭亮殿　持明院《じみょういん》少将殿の御下知と号して、近国の御家人を駆り具し(動員して)、荒川庄より始めて御山(高野山)に至るまで焼き払はしむべきの由、申し送り候ふによりて」、寺僧らがパニックに陥った、と表現されている(『平安遺文』補三九七号)。こうした事態に百姓らは、領主高野山に、宗盛に働きかけて能清の狼藉をやめさせて欲しいと訴え、それをうけた高野山の僧は二〇〇〇人の寺僧集団を代表して、宗盛に狼藉の停止を懇請した(『平安遺文』三九八二号)。

ここに見える「頭殿(頭亮殿)」「権亮殿」は、むろん重衡と維盛であり、「持明院少将殿」は資盛を指す。ころは墨俣から凱旋してあまり日数がたっていない。この事態について、高野山の僧は、能清は平家御家人らの集結を重衡・維盛らの下知によるものだと唱えているが、能清個人の策略でそう称しているにすぎず、襲撃は正規の軍令によるものではないという。なぜなら、高野山では閏二月に亡くなった清盛の菩提を弔う五十箇日の仏事が行なわれたばかりであり、以前に納められた重盛の遺骨にたいする念仏読経も怠りない、平家が高野山を滅ぼすなどあろうはずはないから、というわけである。

両文書から知られる興味ある点を三つあげておきたい。第一は、能清が、荒川荘への襲撃命令は「頭殿の仰せならびに権亮殿の仰せ」だといっている点である。重衡・維盛が平家の軍制上占める位置については、すでに見たとおりである。彼らの名前が平家御家人の指揮官としてよく知られ、武名が地方社会にまで轟《とどろ》いていたからこそ、能清は彼らの名を持ちだし、またその脅しが威力を持ったのだと思われる。ただし、某僧の書状のほうでは、重衡の相棒は「持明院少将殿(資盛)」になっている。一日違いの文書なのになぜか疑問であるが、富士川戦に惨敗し清盛の怒りを買って、維盛の立場が揺らぎ、資盛が維盛にとって代わる勢いにあった状況を反映しているのかもしれない。

第二は、荒川荘襲撃を命じた「頭亮殿　持明院少将殿の御下知」なるものについて、寺僧が「彼の二所の殿中」で披露されたものではないだろう、といっている点である。ここから、軍令は重衡・維盛(資盛)それぞれの殿中(邸宅内、つまり侍所)において披露されるのが正規の形であったことが知られる。

第三には、能清の私的な御家人動員は、「大和国には帯刀先生《たちはきのせんじょう》奉行し、和泉国・河内国は家人等に仰せつけ」た、とある点である。帯刀先生とは東宮の護衛にあたる武官の長であり、事件発生時にそう呼ばれる資格があり、かつ可能性があるのは、言仁親王（安徳天皇）の帯刀長《たちはきのおさ》であった平兼衡《かねひら》だった。兼衡は伊勢平氏の傍流、信兼の長子で、すなわち大和国では、御家人の動員は平兼衡の手を通して行なわれたらしい。このことから、兼衡が平時にも大和の平家御家人の内裏警固役（大番役）への動員の任にあたっていたかどうか、そこまでわかるとよいのだが、残念ながら今のところそれを知る手だてはない。

また「和泉国・河内国は家人等に仰せつけ」とあり、和泉・河内では兼衡のような人物を介さず、能清が自ら御家人を動員している。お膝元の紀伊の御家人についてはなぜか言及がない。紀伊国にあっては、すでに能清による御家人動員が日常的に行なわれていたので、あえて言及しなかったのかもしれない。

第四章　平家都落ち

――追われる一門――

敵兵都に迫る

寿永二(一一八三)年の梅雨の終わりのころ、平家の北陸道遠征軍は命からがら京都まで逃げ帰る。ことに雨の多い六月だった。これを追って七月一〇日過ぎには、義仲率いる反平家の連合軍が近江勢多に兵を進めた。丹波方面には一三日以前から足利判官代《ほうがんだい》(矢田義清《よしきよ》)、一四日には、伊賀に頼朝から離れ義仲と組んだ源行家、大和に参河《みかわ》冠者(源信親《のぶちか》)率いる軍が姿を現す。義清は治承四(一一八〇)年五月、以仁王の乱の時、源頼政とともに宇治で平家軍と戦った経験もある武将である。

義仲らが都に迫ると、多田行綱《ゆきつな》が摂津・河内をほしいままにうろつき、河尻《かわじり》の船をみな差し押さえ、九州から運上の食糧米を押し取る動きを見せた。河尻は淀川と神崎川の分岐点、現在の大阪市東淀川区江口あたりの港で、西国から京に上る際には、当地で陸路を行くか、船で淀川を遡るかが選択された。近江に加え当地を押さえられると、京都への物資の搬入はストップし、都人は完全に干あがってしまう。河尻での出来事は平家の危機感をつのらせ、西に走らせる陰の原動力になった。

行綱は摂津多田荘(現兵庫県川西市)を本拠とする多田源氏である。『平家物語』によれば、安元三(一一七七)年藤原成親らが平家打倒を計画した際、鹿ヶ谷の謀議に参加したが、彼らの計画があまりに安直なことから、保身のため清盛に密告した人物である(巻一「鹿谷」、巻二「西光被斬」)。それがそのまま史実であるとは考えにくいが、機を見るに敏で去就に振幅の大きい男だったのは確かである。平家御家人だったが、院とも関係が深く、この時点で平家の行く末に見切りをつけ離反した。

戦局極めて不利ななか、都落ちを推進した中心が、宗盛と重衡であったのはほぼ間違いない。『玉葉』寿永二年八月二日条に、「去月(七月)二十日比《ごろ》、前内府(宗盛)および重衡ら密議して云はく、法皇を具し奉り海西に赴くべし、もしくはまた法皇宮に参り住むべし」とあるからである。この「密議」は平家主要メンバーが参加してのそれだろう。ここでは選択肢として後白河の法住寺殿に立て籠もる案も浮上している。

しかし、いよいよ実行にあたり後白河法皇と摂政基通に逃げられたのは大誤算であり、うかつであった。二人を連れ去れば王朝の中枢は行動をともにせざるをえなかった。そうなれば当面平家の政治的正統性は維持でき、その後の歴史の展開にさらなる紆余曲折があった可能性がある。なぜこれほどの失態が起こったのか。

『玉葉』の八月二日条には、つづけて摂政基通が二〇日ごろの「密議」の内容を聞き、冷泉《れいぜいの》局《つぼね》(大納言藤原実定《さねさだ》の妹)を使って法皇に密告したとある。後白河は七月の上旬ごろから基通に

「愛念」の気持ちをいだいており、「密議」のその日「御本意を遂げ」た（『玉葉』八月一八日条）。冷泉局が両者の「媒《なこうど》」となったとあるから、基通は彼女の密告を手土産に、そそくさと法皇の寝所に渡ったのであろう。

近衛基通は、父基実が清盛の娘盛子（白川殿）を妻としただけでなく、彼も清盛の別の娘完子を妻にしており、治承三年のクーデタで基房が失脚したのをうけて関白ついで摂政になった人物である。一方冷泉局は、かつて盛子の女房であり、清盛の盟友で清盛没後跡を追うように亡くなった権大納言藤原邦綱の妻の一人、「愛物《あいもつ》（お気に入り）」だったという。

いわば平家の身内ともいうべき両者が、さすがに祝福されぬ男色を通して、都落ち近しの機密情報を、いちばん漏れてはいけない相手に漏らしたのである。歴史はつねに皮肉と悪い冗談に満ちている。基通は平家と二重三重の深い関係にあった。だからこそ、落ち目集団と一体であるのに展望がもてず、後白河の「鍾愛《しょうあい》」を渡りに船、と庇護の主《ぬし》を乗り換える決断をしたのだろう。基通は有能達識の政治家とは思えないが、それと保身の術に拙《つたな》くないことは別である。事情を知った基通の叔父の兼実は、後白河・基通二人の関係を、「君臣合体の儀、これをもって至極たるべきか」と痛烈に皮肉った（『玉葉』八月一八日条）。

すでに養和元（一一八一）年九月、四方の反乱軍の強大さに、平家はいったんは都落ちを決意したことがある。が、九条兼実の後白河への直言により、「西行の事、忽《たちま》ちに然るべからず。

関東すでに攻め来たるの時、その儀有るべし」となった(『玉葉』二九日条)。記憶力抜群といわれた法皇がそれを忘れるはずがないし、今やその時、の気配をひしひしと感じていたに違いない。彼は平家に怨み骨髄であったから、西海行きにつきあおうとは毫も思っていなかった。密告のあった後は平家と決別のタイミングを慎重にみはからっていたのだろう。七月二三日朝、本拠の法住寺殿に移った。いざという時の行幸に備えるのが口実だが、平安京内の御所と違って広大な空間である。隅々まで監視の目が届かない。勝手知ったる地で遁走にも便利である。

四方の守り

七月二一日、資盛と平貞能が、近江の敵を討つため出陣した。貞能は養和元年以降、大宰府を脅かした菊池隆直と彼に同意する肥後勢の追討に従事し、ようやくそれらを下して上京してきた。このためその軍は強大で、世間では七、八千騎あるいは一万騎におよぶと見られていたが、この日、九条兼実の使用人が街頭で密かに数えたところ、わずか「その勢千八十騎」に過ぎなかったという(『玉葉』)。資盛らは当初、木津川東岸の青谷《あおたに》(現京都府城陽市)を経て田原道を北東に進み、勢多に抜けるはずだったが、南大和の源行家軍の入洛を警戒し、宇治橋西方の一の坂に留まった。翌二二日昼ごろ、勢多の敵に向かって知盛・重衡ら二〇〇〇騎が、夜に入ってさらに平頼盛が兵を進めた。彼らはその晩それぞれ山科に宿営している。一方、丹波方面で

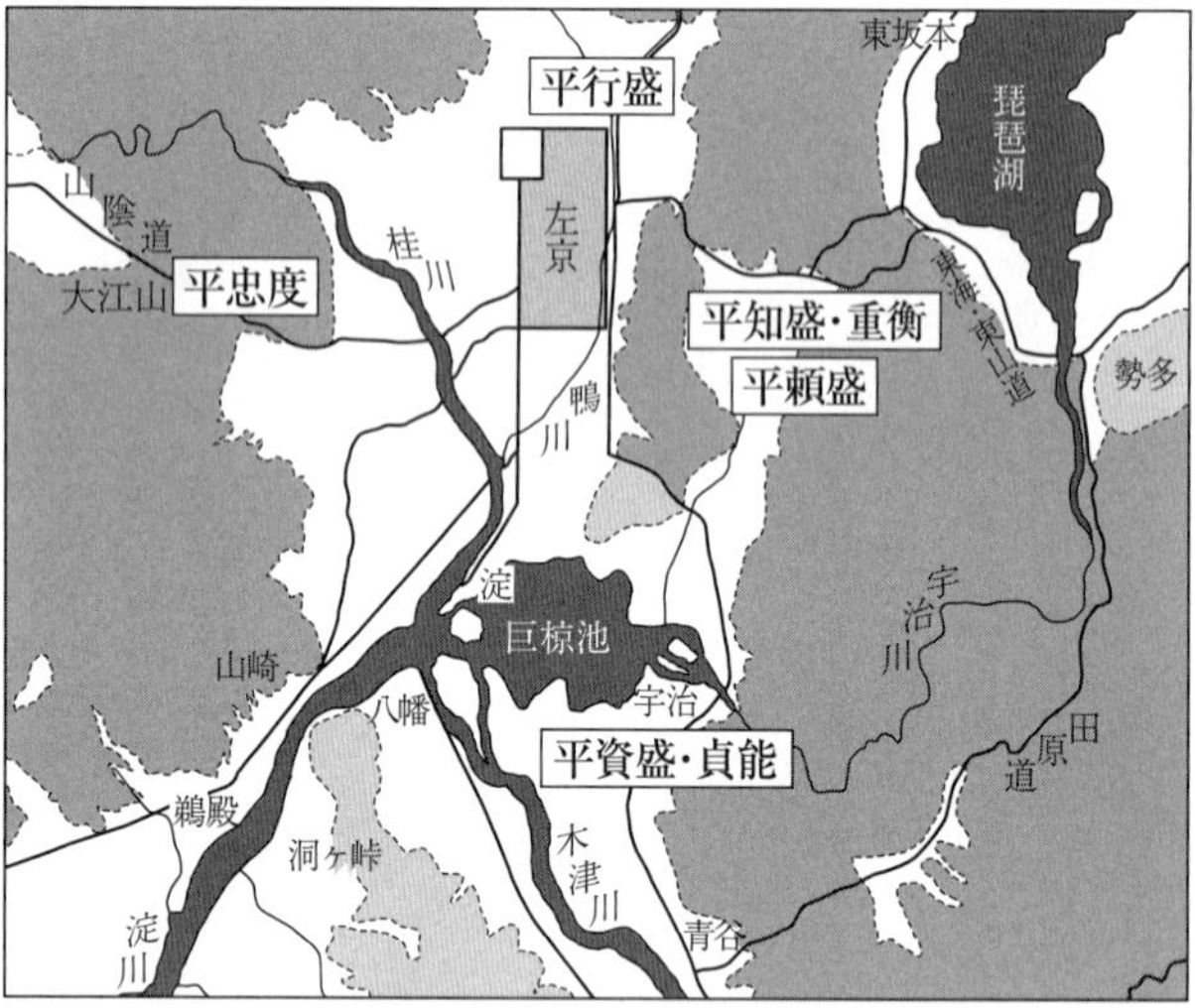

図14　反平家勢力にそなえる

は、追討使の忠度が矢田義清の勢に圧倒され、丹波・山城境の大江山（現京都市と亀岡市の境）に引き退いている。わずか一〇〇騎ばかりの小勢では、いかんともしがたい（図14参照）。

　そうこうしているうち、宇治の貞能はまず多田行綱の活動を鎮めるため、八幡《やわた》（現京都府八幡市）の南、おそらくは洞ヶ《ほらが》峠《とうげ》を越えて淀河尻方面に向かった。兵力の分散は古来兵法の戒めるところだが、これは都落ち前途の障害を、あらかじめ除いておくための措置だったのだろう。事態はそれだけ切迫していた。

　貞能と同行していた資盛に後白河から、「貞能を相具《あいぐ》して帰参すべし」との院宣《いんぜん》（院司が上皇・法皇の命をうけて出す奉書形式の文書)が発せられたのは、経過から判断して、二二日か二三日の出来事に違いない。これについて宗盛は「資盛は宣旨を給って出陣した追討使だから、院から引き上げさせればよろしいが、貞能ら「自余《じょ》の輩《やから》」は平家が私的に派遣した、だから宗盛が直に召し返す」と異議を唱えている。一方で後白河院は、多田行綱にも院宣を遣わす。行綱は自らにかけられた「叛逆《はんぎゃく》」の噂を否定し、「その件は、軍兵がやってくるという噂で、近辺の下賤の者たちが走り騒いでいるのだろう、早く制止を加えるべきである」と弁明した。しかしその様子はやはり「叛《そむ》くがごとし」であった(『吉記』二四日条)。院は政治の頂点にある身として、淀河尻方面の混乱を収拾し、あわせて近習化していた資盛らの率いる軍を、自分の身辺警固に利用しようと考えたのかもしれない。だが、それは平家の御家人支配への介入を意味し、宗盛の反発を買った。

一方、『源平盛衰記』によると、近江の敵軍が東坂本(現滋賀県大津市坂本)から比叡山に登って京都に圧力をかけはじめると、重衡は山科から撤兵、勢多まで進出していた知盛も北国勢との小競り合いのうえ引き退いている。これが二三日ないし二四日のことであろう。

比叡山上の近江の武士が、二四日夜に夜討ちをかけてくるとの風聞があり、天皇はその夜あわただしく閑院から法住寺殿に避退し、内侍所《ないしどころ》(神鏡)も鴨川を越えて京外に出た。神鏡は、皇位の標識として歴代の天皇が受け継いできた三種の神器の一つであり、内侍所とも呼ばれていた。女官の内侍が奉仕していたからである。他の二器、剣《けん》・璽《じ》(勾玉《まがたま》)のほうはつねに天皇とともにあり、行幸には剣璽役が捧げ持ってゆく。それに対し神鏡は、天皇の御座とは離れた宮中温明殿《うんめいでん》内の唐櫃《からびつ》の中に納められ、福原遷都の時以外、平安京の外に出たことはない。院は前々日諸卿を召して、天皇と神鏡の洛外である法住寺殿への移動の可否を諮《はか》っている。まさにそういう非常事態だと考えられたのである。

二四日夜には後白河は、宗盛に「いざという時どのように対処されるのか、その時になって慌てないよう詳細をうかがっておきたい」と、平家の出方について探りを入れている。宗盛は「考えるまでもなく、院の御所に駆けつけます」と返答した。平家一門とその軍勢が法住寺殿に入りこんできたら監視の目も厳しくなり、脱出は難しくなる。すでにこのころ事情を知る人びとの間では、「法皇・主上を奉じ、迷わず海西に逃げ退くということで、内々準備有り」との観察がなされていた。同夜半、天皇が行幸してくるどさくさに紛れて、法皇は密かに法住寺殿を脱出、鞍馬経由で比叡山に登った(以上『吉記』二五日条)。

都落ち決行

七月二五日朝になって、宗盛は院が逐電したのを知った。急ぎ六波羅泉殿に移動のうえ、午前一〇時ごろ、天皇・建礼門院を奉じ、摂政基通および平家の一族を率いて京都を出奔、淀方面に向かった。一方権大納言平時忠は神鏡、天皇が用いる椅子《いす》、玄上《げんじょう》・鈴鹿《すずか》などの伝説的な楽器、時の簡《ふだ》(内裏において時刻を表示した板)などを持ち出し、身をもって保護にあたった。いずれも譲位の時新帝のもとに移される宝器である。剣璽はむろん天皇とともに都を出たが、これらをまとめて持ち去った時忠の行動は、その後の展開を考えると大変重要で、さすがにぬかりがない。この時六波羅・西八条の平家邸宅群には火がかけられ、すべて灰燼《かいじん》に帰した。

摂政基通は都落ち決行直後に行列から離れた(図15参照)。『平家物語』は側近が気を利かせて勝手に牛車を引き返させたとするが(巻七「主上都落」)、前述の経過から考えて基通自身の意志であったのは疑いない。供をしていた基通の側近、内蔵頭平信基《のぶもと》は平家に同行するよう強く勧め、知足院《ちそくいん》(現京都市北区紫野)や傍らの雲林院《うんりんいん》までついていって食い下がり、聞き入れられないと見るや独り平家を追った。彼は桓武平氏高棟流のうち、範国流に属する能吏、兵部卿信範《のぶのり》の子で、時忠の従兄弟にあたる。

しかるべき公卿らは連行されるという噂が流れたのでみな逃げ散り、後白河を追って続々比叡山に集まった。親平家の公卿たちも、福原遷都、内乱の全国化などを体験するなかで、平家をみかぎり、すでに後白河側に身を寄せるようになっていた。平家と親密な関係にあった天台座主明雲も同行しなかったので、周囲から悪口をあびせられた。武士以外で都落ちに加わった貴族・官人は数えるほどしかいない。めぼしいのは時忠とその子中将時実《ときざね》ぐらいのもので、時実は父同様「心猛き人」だった(『源平盛衰記』巻四十四「時忠卿罪科附時忠聟義経事」)。兵部権少

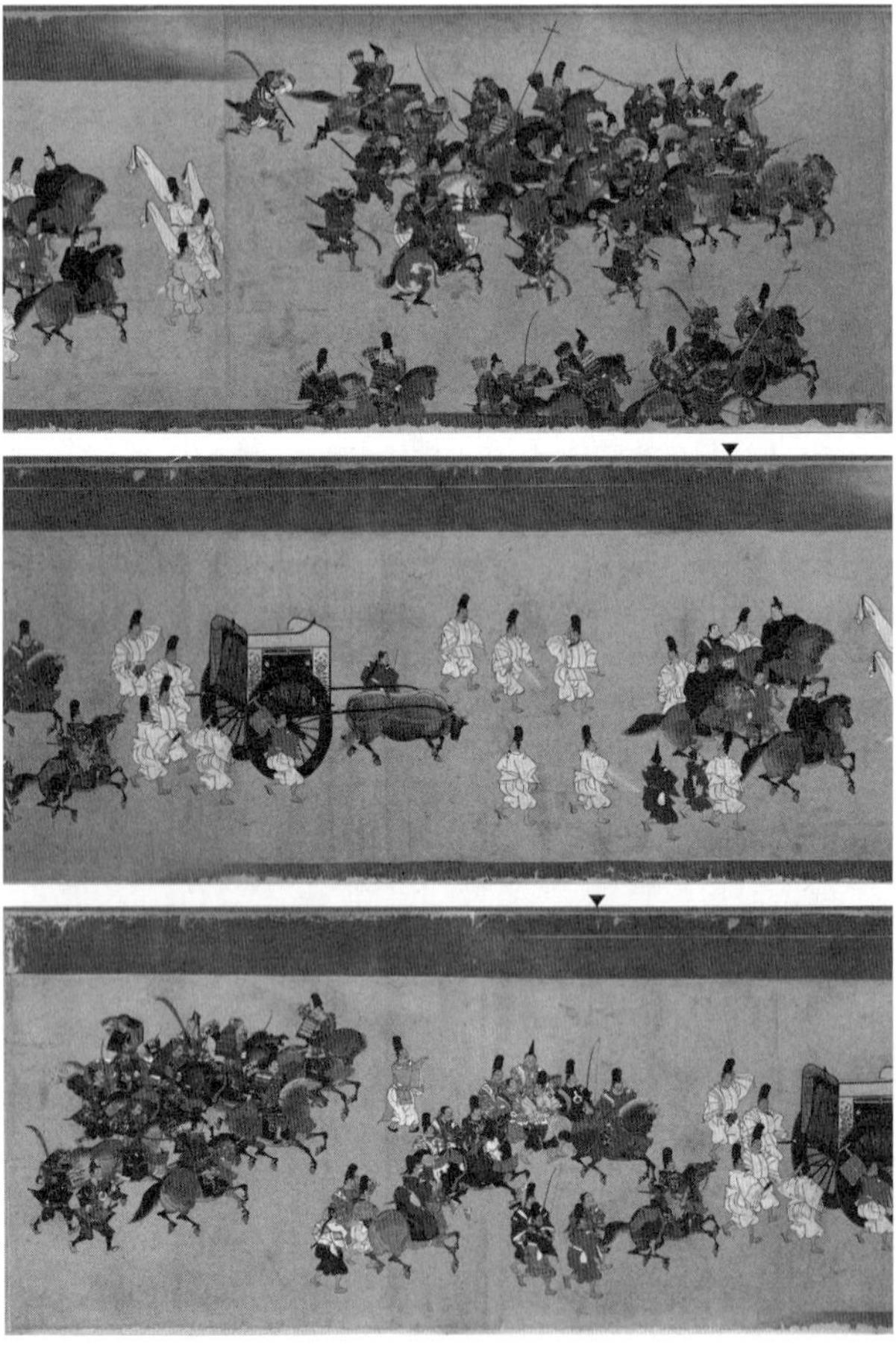

図15　平家都落ちの図．中段に基通の乗る牛車．（前田氏実・永井幾麻『春日権現霊験記(模本)』(部分)，東京国立博物館所蔵　Image：TNM Image Archives　▼印より右側は上段と重なる部分）

輔藤原尹明《まさあきら》も西遷の供をした。妻の母が忠盛の娘であり、宗盛身辺の人物だったことが理由だろう。蔵人らは天皇の近辺に宿泊していたが、みな逃げ去ったので、彼が都落ち後安徳天皇の蔵人に補された。右大臣兼実の日記『玉葉』のその後を読んでいると、時折尹明から西海にある平家の内部情報が届けられているのがわかる。

都落ちの案を立てる時は宗盛・重衡が中心になった。しかし宗盛は都落ち時に当事者能力を喪失していたふしがあるので、決行は重衡が中心になったと考えられる。いよいよ都落ちとなると内部に異論があったであろう。『平家物語』では、都での一戦を主張したのが一門では知盛、有力郎等では平貞能だったとする（巻七「一門都落」）。『平家物語』は知盛に終始「実現されなかった正しい方針」を主張させている。これもその一つである。だが古来京都は攻めるに易く守るに難いといわれてきた。もし京都を決戦場にしたら、その時点で平家の運命は極まっていたかもしれない。重衡らの判断が現実的だったと思われる。

その重衡は『平家公達草紙』では、たえず出入りしていた式子《しきし》内親王の御所に、「うとましい」甲冑《かっちゅう》姿で別れの挨拶に向かい、女房たちを驚かせた。特別の仲の女房が二人いたが、それぞれ重衡の姿をちらりと見ただけで、彼が辞去するまでついに姿を現さなかった。一人はのちに彼が斬られると髪を下ろし、いま一人は重衡が生け捕りになったころ姿をくらまし、聖徳太子の墓のあたりに隠遁《いんとん》して都に帰らなかったとある。それを知った人びとは、これこそひときわ深い心よ、あの別離の時に二度と逢うまいと思ったのも優れて情趣がある、いみじくあわれなことよ、と話したとある。しかしこれは、「忍ぶる恋」で知られる式子内親王のイメージから思いついた、想像の情景だろう。

小松家の公達たち

小松家の公達たちの動きはどうであっただろうか。都落ち時に「或る説」として「小松内府の子息等帰降」の噂があったのは（『吉記』七月二五日条）、清盛と後白河院勢力との対立の間で揺れ動くその政治的立場が、清盛死後、一門主流より猜疑の目で見られるようになっていたからである。実際二五日夕刻には資盛が兄弟および貞能以下八〇〇騎の軍勢を率いて、法住寺殿内の蓮華王院《れんげおういん》（通称三十三間堂）に入った。貞能は多田行綱を討ちに行った先の河尻からとって返し、鵜殿《うどの》（現大阪府高槻市《たかつき》）あたりで都落ちの一行と合流していた（覚一本巻七「一門都落」）。

源氏と一戦交えるため落武者が帰ってきたとの噂が飛んだが、『愚管抄』に資盛は「（院の）御気色《みけしき》（意向、機嫌）ウカヾハント思」って（巻五）、頼盛ともども法住寺殿に入ったとある。両者は頼盛の孫娘の婿が資盛という関係である。

頼盛・資盛は延暦寺に退避した法皇に、人を遣わして引き返してきた事情を奏上した。頼盛には、仁和寺の子院にあった後白河院の異母妹八条院（鳥羽天皇第三皇女暲子《しょうし》内親王）の御所に身を寄せていなさい、と色よい返事があった。頼盛は以前から八条院とは深い関係にある。資盛のほうは取りついでくれる者もなく、返事すらもらえなかったので、やむなく宗盛一行に追随するはめになった。

資盛は同じ年の一一月、西海から後白河の側近に使いを送り、「君に別れ奉り悲歎限り無し、今一度華洛(都)に帰り、再び竜顔を拝さんと欲す」と訴えたという(『玉葉』一一月一二日条)。人びとは神器をともなっての帰降かと思ったらしいが、たんに居心地のよい後白河の懐へ復帰の哀願だった。ところが同じころ、『右京大夫集』では資盛は愛人の右京大夫に、「前に申しておいたように、今は死んだも同然と思っているのだから、誰もそう思って私の後世を弔ってください」と書き送っている(二一七番歌詞書)。彼女への手紙は「都出での冬、僅かなる便りに付けて(寿永二年の冬、ちょっとした使いに託して)」とあるから、一一月の院側近への使いに託したのだろう。後世を弔えというしおらしさと院への哀訴のコントラストは、この人物の不実と再起への藁《わら》をもつかむ思いを示しているだろう。

資盛の郎等貞能は、覚一本では、重盛の墓から遺骨を掘り出して高野山に送りつけたのち、以前恩を施した頼朝の御家人宇都宮朝綱《ともつな》を頼って、東国に下ったとする(巻七「一門都落」)。ところが『吉記』では帰京の平家の武士らの大半は、翌日の明け方妻子をともなって再び下向したとある。『吉記』の筆者、参議左大弁吉田経房は、「龍も勢を失えばミミズに同じのことわざの類か」と決めつけた。貞能は後述のように神器返還交渉にあたって、院と平家の仲介役を期待されており、なお都に留まっていたようである。しかしやがて彼も平家一門を追って九州まで落ち延びた。

一方、資盛とともに帰京した維盛はというと、妻子と別れを惜しみ、やがて宗盛一行を追いかける。その時あえて妻子をともなわなかった。これは彼の妻が平家の仇敵成親の娘であるため、一門の風当たりを避ける意味があった。都落ちの前途にまったく展望をもてなかったからでもあろう。覚一本では、この時維盛は自分が死んだら出家などせず再婚せよと勧めるが(巻七「維盛都落」)、それはのち彼女が吉田経房の後妻になったという事実から遡及したと考えられている。

維盛の乳父伊藤忠清も一門の都落ちには同道せず、二九日に出家。後白河院近習の藤原能盛《よしもり》のもとにあったという。出家後の忠清は、同年末に平家と義仲との和睦に一役買ったりした。同じ時貞能の子検非違使貞頼《さだより》も出家した。彼は仁和寺相承院《そうしょういん》の兼毫《けんごう》法印のもとにありとされている。仁和寺は八条院の居住からもわかるように王家と関係深い寺であり、当時の門主《もんしゅ》は後白河院第二皇子の守覚法親王である。ありていにいえば、小松殿の公達は都落ち時点で有力郎等に見放されたのであり、その結果ほぼ完全に平家内での居場所をなくしてしまう。

生き残った頼盛

頼盛は勢多の義仲軍を迎撃するため、二二日夜から山科に進出していた。一門内異端と見られていた頼盛は、自分は治承三年の平家のクーデタ時に、かけられた嫌疑を回避するため「弓《ゆみ》箭《や》ノミチ」は捨てたから、といって出兵を固辞した。それを一家の者どもが説得して無理矢理遣わしたとある。都落ち開始の連絡さえなかったというところが、彼の孤立した立場を示している。

さかのぼって清盛の死後間もないころ、兼実が聞いた噂では、後白河が延暦寺の僧徒や頼盛と共謀して宗盛への夜討ちを計画しているとの落書があった。事実には遠いだろうが、世間は、頼盛と平家の新棟梁となったばかりの宗盛とは、厳しい反目の関係にあるとみなしていたのである。

一門が都を落ちたという情報で、頼盛は子息を遣わし鳥羽で追いつくが、宗盛は「心モウセテミエケレバ（魂も抜けた人のように見えたので）」返答もできない。宗盛の虚脱した心理状態を語る貴重な情報だが、それを聞いた頼盛はただちに後を追う。が、心中は都に留まりたいと思うことしきりであった。結局途中から引き返したのは資盛の箇所で述べたとおりである（『愚管抄』巻五）。

頼盛は八条院のほか、頼朝との縁も浅からぬものがある。平治の乱後、母の池禅尼が頼朝の助命に尽力した関係からで、義仲と法皇（頼朝）の間が険悪になり身の危険を感じると、寿永二（一一八三）年一〇月一八日、鎌倉に逐電した。平家所領が没収された時も、彼の家領三四カ所は、頼朝の配慮で、支配を認められている。翌年関東より帰洛。六月五日権大納言に返り咲いたが半年後辞退した。子息の侍従光盛《みつもり》を左少将にするためである。文治《ぶんち》元（一一八五）年、一族滅亡後まもなく、病のため出家して重蓮《じゅうれん》と号し、翌二年六月、五五歳で没した。

その他、残りの人物たちの動きをみておく。伊勢平氏の傍流平信兼は、頼朝の挙兵時、まず血祭りにあげられた伊豆国の目代山木《やまき》判官兼隆《かねたか》の父であるが、平家の西走には従わず、義仲の占拠する京都を攻めんとした源義経に伊勢国で合力した。彼らは自分たちを平家一門とは認識していなかったのだろう。翌元暦元（一一八四）年七月、信兼の子息らは平家御家人で伊賀北部を本拠とする平田家継（貞能の兄）・平家資らとともに、伊賀・伊勢で一斉蜂起した。源氏方の伊賀国惣追捕使《そうついぶし》（のちの守護）大内惟義《これよし》以下の勢力に打撃を与えたため、追討を受け近江・伊賀国境近くの戦闘で敗れ官を解かれる。京都における屋地は平家没官領《もっかんりょう》として源義経の管理下に置かれた。

伊藤忠清もこの時家継らと行動をともにしたが、戦場から逃亡する。以後もその動きが京都では脅威だったようで、元暦二年正月、義経が屋島《やしま》への出陣の許可を後白河院に求めた際、忠清が京中に潜んでいるとの情報に恐れをなし、義経自身が出向くことに反対する人びとがいた。

忠清は、伊勢の鈴鹿山で捕らえられ京都に連行されたのち、文治元年五月、姉小路河原で梟首《きょうしゅ》(さらし首)された。

平家の歌人たち

薩摩守忠度は、都を出ようとして思い返し、歌の師藤原俊成《としなり》を訪ねて自分の和歌を記した巻物を託した。のちに俊成が『千載集《せんざいしゅう》』を撰進した時、「故郷花《こきょうのはな》」という題の、

　さざなみや志賀の都はあれにしをむかしながらの山ざくらかな

の一首を、「読人《よみびと》知らず」として載せたという哀話は、有名である。これに先立つ寿永二年二月、後白河院より藤原俊成に「近古以来の和歌を撰び進《まい》らしめ給ふべし」と『千載集』のための撰歌の命があった。この命を伝えたのはほかならぬ資盛であった(『拾芥抄《しゅうがいしょう》』上第廿九)。『親《ちか》宗卿記《むねきょうき》』では、同集ができた文治四(一一八九)年から十余年前、すでに後白河の院宣をこうむって勅撰事業に着手したことになっている。それは院の内意風のものが伝えられた時点を意味するのかもしれない。いずれにせよ忠度は俊成による撰進の準備を聞き及んでいたのだろう。

忠度の右の歌は久安五(一一四九)年の『右衛門督家歌合《うえもんのかみけうたあわせ》』で左大臣頼長の子隆長《たかなが》が詠んだ

「さざなみや志賀の都は荒れにしをまだすむものは秋の夜の月」を改作したものである。隆長の歌に対し、時の判者六条顕輔《あきすけ》は、『万葉集』には「さざなみや大津の宮」とはあるが、「さざなみや滋賀の都」とは「いまだ見たまはず」、とケチをつけている。しかるに、もはやそういうことが問題にならない時代が到来していたのであり、歌のできも忠度のほうがずっとよい。

語り本系の『平家物語』では、忠度が俊成亭を訪れ、門の外から大声で案内を請うと、落人が帰ってきたと恐怖する従者たちに、俊成は「その方なら差し支えあるまい。門を開けてお入れ申せ」といって対面したとある(巻七「忠教都落」)。ところが延慶本などでは忠度が訪れても、俊成は「ワナヽク〳〵出合《いであ》」って、門も開かず対応した。忠度は勅撰集に我が和歌の入集を願い、「百首ノ巻物ヲ取出シテ、門ヨリ内ヘ投入テ」「涙ヲノゴイテ帰」ったとある(巻七の廿九)。

この日の夕方には、貞能らが源氏と一戦を交える噂が流れていたから、都人は戦戦兢兢としていた。忠度には心残りな別れだったという読み本系の情景が、実際には近かったに違いない。むろん思いを達した忠度が、「前途《せんど》程遠し、思を雁山の夕の雲に馳《はす》」の名句を高らかに吟じながら立ち去った、というのは後世の付加であろう。

俊成が謀反人である忠度の歌を入集させるかどうかで悩んだのは、勅撰集というものが為政者へのほめ歌、平和な治世のあかしとして編まれるものだからである。経盛・経正(二首)・行《ゆき》盛《もり》(清盛の次男基盛《もともり》の子)らについても「読人知らず」の措置がとられた。行盛は高野川《たかの》・賀茂川の合流点あたりに布陣、比叡山の敵に備えていたので後れて都落ち一行を追及したが、彼も定家に歌集を託したと延慶本に見えている（巻七の三十）。

俊成の散逸した私撰集に『三五代集』があり、それが『千載集』撰進の予備的な作業になったといわれるが、これが編まれた時代はまさに平家全盛期であった。この期におけるいわゆる「平家歌壇」の存在感の大きさこそ、忠度・経正ら平家歌人の歌を『千載集』に登載せしめた背景である、との谷山茂の指摘はうなずける。

時忠は『千載集』では実名で載っている。彼のような平家政権の中枢に位置した人物が実名で入集しているのは、宮廷社会で武家平家と公家平家が画然と区別されていたのを、そのような形で証明しているといえよう。

平経正は都落ちの際仁和寺におもむき、覚性《かくしょう》入道親王（鳥羽天皇第五皇子）から拝領した琵琶の名器「青山《せいざん》」を返上した、というエピソードが有名である。彼は経盛の嫡子で、治承三年のクーデタで但馬守に任じた。歌をよくし琵琶の名手。幼時に覚性に稚児として仕えた。覚性には稚児男色をめぐる説話が伝わっているから、経正との間にも男色関係があったことを想定してよいだろう。すくなくとも、謡曲「経正」は、御室御所《おむろごしょ》（仁和寺の門主）と経正の間にその関係があったのを前提に、劇の構成がなされている。

三種の神器をどう回収するか

七月二八日、勢多の義仲が東から、宇治にあった行家が南から京に入城する。七月二九日、法皇は義仲・行家両将を蓮華王院御所に召し、早速平家追討を命じた。都落ちによって朝廷は、天皇が三種の神器ともども平家にともなわれて西海に去る、という夢想だにしなかった事態に直面した。天皇不在を解消するためには、安徳の帰還を実現するか、新帝を立てるしかない。後者をとるにしても、三種の神器がないのをどうするかという点は、極めたる難問だった。

というのは、律令制が始まるまでは、新しい王は群臣の推戴《すいたい》によって決定されていた。そのため、先王の死後新王が決まるまで若干の空位期間があった。律令時代に入り、皇太子制度の定着と譲位(受禅《じゅぜん》)による即位が常例化したことによって、空位期間の発生を避けることができるようになり、桓武天皇の時、即位の礼に践祚《せんそ》の儀が付加された。新帝をただちに就任させるため、先帝のもとにある剣・璽を新帝のところに移す。それが践祚の中心をなす儀式(剣璽渡《と》御《ぎょ》)である。この結果、日を隔てて行なわれる即位の礼は、新帝への百官朝拝と即位を公に宣布する意義にとどまるようになった。したがって剣璽渡御なしの践祚は、考えることもできないわけである。

後白河や朝廷の貴族たちは三種の神器の回収について、どういう方針で臨んだのだろう。七月二六日、兼実が延暦寺の後白河のもとに駆けつける途中、比叡山の雲母《きらら》坂で下山中の前権中納言源雅頼《まさより》に逢った。兼実は彼から「速やかに平家を追討せよとの後白河の命だったが、まず神器の安全を図るべしとの自分の進言が容れられ、多田行綱に都落ち途中の平家に手出ししないよう院宣が下った。しかしそれだけでは十分ではないので、重ねて内々建礼門院もしくは時忠と交渉すべきだと奏聞し、法皇から「然るべし」との仰せがあった」と知らされている（『玉葉』）。徳子は幼児たる天皇の代理人、時忠の名があがっているのは、武家平家でなく、朝廷の内情も熟知し、強力な政治力が期待できる相手とふんだのだろう。

解官・除名・没官

平家の西走から一二日経過した八月六日、平家関係者多数が解官《げかん》された。権大納言頼盛以下中央官庁の三等官に至るその総数を、『玉葉』は「二百余人」といい、延慶本は「百八十二人」とする（巻八の二）。この時権大納言時忠は、処分の対象から除外された。肩書きなしの謀反人とは神器の返還交渉をするわけにゆかない。しかるべき相手が要るのである。すでに七月三〇日に神器返還を求める院宣が時忠のもとに遣わされ、また交渉の橋渡し役としての貞能に、条件のようなものが内示されていた。

一門の中では、前内大臣宗盛だけが除名処分になっている。官職剝奪刑としての解官に対し、既得の位階を剝奪する刑が除名である。解官は、律に規定された笞《ち》・杖《じょう》・徒《ず》・流《る》・死の五刑とは区別される行政罰的性格の刑罰であるが、広く見れば主刑《しゅけい》（独立してそれのみ科することのできる刑）としての要件も備えていた。また当人が天皇の侍臣であれば自動的に殿上の籍（殿上人）から除かれる。一方除名は、律では「斬」などの付加刑であったが、奈良時代以来主刑化していた。解官によって官職を奪われても、位階を保ってさえいればいずれ復帰できる可能性がある。位階なきものが官職につくことはできないから、解官よりはるかに重い。ただし、宗盛の場合は事実上の措置であり、公式の除名に必要な宣旨は下されなかったようである。

これらと並行しあるいは先行して、平家関係者の所領の没収が始まっていた。八月五日、後白河は院宣をもって、大和国清澄荘《きよずみ》（現奈良県大和郡山市）内六町二段半にたいする宗盛家の「無道」な押領を停止し、東大寺のもとに復帰させている（『平安遺文』四〇四三号）。一日おいた七日にも、同国小東荘《こひがし》（現奈良県北葛城郡河合町）内の宗盛五町六段・重衡一〇町七段・佐藤能清三町七段、羽鳥新三位（資盛カ）三町七段のそれぞれにつき、同様の措置がとられた（『平安遺文』四一〇〇号）。佐藤能清は第三章で見た高野山領荒川荘への介入事件で登場した紀伊国田仲荘の預所である。二つの東大寺領は、平家領の旧主への返還の事例中、たまたま今日に伝わった九牛の一毛に過ぎない。

没収、律令制の法律用語でいえば没官は、本来は「謀反・大逆」と認定された罪への付加刑であった（「賊盗律《ぞくとうりつ》」）。しかるに宗盛らにたいする除名・解官処分は八月六日であり、清澄荘にたいする宗盛家の押領の停止と東大寺への返還命令は、その前日の院宣で出されている。没官は除名・解官と連動していなければならないわけだから、この時点ではまだ正規の刑罰としての没官ではありえない。もっとも平家領を没官するという方針は、すでに七月三〇日には既定のものになっていた。そして、内乱期の没官とは、たんなる事務手続きではない敵方所領の軍事占領であるから、この場合も実態は、平家都落ち前後に平家関係所領の東大寺による奪回が行なわれ(大和に入った源行家軍の圧力を背景としていた可能性がある)、その事実を後白河院に認めさせたということだろう。

時忠、解官さる

八月一〇日夜になって時忠から神器返還にかんする回答が到来した。その中には「京中落居の後還幸あるべし(京に平穏が戻れば天皇はお帰りになられるだろう)、剣璽已下《いか》宝物等の事、前内府(宗盛)に仰せらるべきか」とあった。前段は義仲軍の京からの退去要求であり、後段は宗盛と交渉せよというのだから、除名措置を認めていない。つまり都落ち以前の状態への回帰が交渉の前提だというのである。文面「頗る嘲弄の気有るに似たり」と、強気で挑発気味の返書だった。仲介した貞能は「よき様に計らひ沙汰すべし(うまくゆくようなんとかやってみましょう)」と復命したが、途方にくれたと思う。平家はそのころ船百余艘で備前の児島《こじま》(現岡山県倉敷市)にあった。九州諸国の国守を任命しているとの風説もあり、兼実に「大略《たいりゃく》天下の体、三国史(志)の如し」との感想を抱かせている(『玉葉』一二日条)。

八月一六日、後白河は権大納言時忠を解官した。彼の解官は、院が交渉による神器返還に、早くも見切りをつけたことを意味する。一八日、五百余カ所といわれる平家没官領の配分が行なわれ、義仲に百四十余カ所、行家に九十余カ所があてられた。行家は院からの直接配分にすべきだと主張し、義仲は自分が没官領処分権を独占したいと主張した、と伝えられている。これは同年一二月二日の院庁下文で、義仲が平家領を「総領」するということで決着する(『吉記』『百練抄』)。

神器なしの践祚は八月二〇日断行され、四歳の高倉天皇四宮が後鳥羽天皇になった。『百練抄』には「剣璽を伝へず践祚の例、今度これ始めなり。前主洛城を出るの後、今日に至るまで王位の空しきこと廿六ヶ日」とある。皮肉にも三種の神器は、天皇不在という空前の事態に直面して、はじめてその政治的意義が強烈に意識されるようになった。すくなくとも兼実のような有職の上流貴族たちにとってはそうだった。しかし後白河は神器にそれほどの重きを置いていなかったらしい。その結果、剣璽渡御なしの践祚、さらに即位礼の強行となったが、この事実はのちに後鳥羽の精神に深い影響を与える後遺症になった。

大宰府から四国へ

平家の人びとは八月二六日に九州に入った。『平家物語』によれば、原田種直《たねなお》の宿舎が天皇の御座所にあてられたという。大宰府の三等官の監《げん》、四等官の典《てん》を府官というが、種直はその府官筆頭の大宰大監として、平家九州支配の支柱的存在である。彼は治承五(一一八一)年四月に宗盛の推挙で権少弐に昇進した。従来大宰府の次官以上は、中央派遣の貴族しかなれなかった。むろん平家につなぎ止めておくための違例の厚遇である。

ところが豊後の知行国主藤原頼輔は、国守の我が子頼経《よりつね》に、後白河の意志だから平家を追い出すようにと命じ、頼経はこれを国内の有力武士緒方惟義(惟栄・惟能)に伝えた。平家は惟義の主筋にあたる小松家の公達らを同国に派遣、説得させたがらちがあかない。かたや惟義も次男を大宰府に遣わして平家に退去を求めたが、応接にあたった時忠が、緒方らの忘恩をなじった。報告を聞いた惟義は「こはいかに、昔はむかし、今は今。其義(儀)ならば速かに追出したてまつれ」と兵を発したので、平家は大宰府から逃げ出さざるをえなくなった(覚一本巻八「太宰府落」)。

東に向かった平家は遠賀《おんが》川河口の山鹿兵藤次秀遠《やまがのひょうとうじひでとお》の城に籠もり、さらにそこを追われて豊前《ぶぜん》柳ケ浦《やなぎがうら》(現大分県宇佐《うさ》市)から海上に出た。さいわい長門国の目代が大船を献じてくれたので、阿波民部大夫成良の招きに応じて讃岐屋島に移ることになる。吉田経房がえた自領安芸《あき》国志芳《しは》荘(現広島県東広島市志和町)からの飛脚情報によると、平家が九州から追い出されたのは一〇月二〇日だった。

のちの話になるが、資盛・貞能らが豊後の住人らのため生きながら捕らわれたとの風説があった。しかしこの年の一一月、資盛は西海から後白河に帰洛したいと哀願している。こと資盛にかんしては誤聞であろう。貞能は平家が四国に移った際、出家して西国に留まったという。平家の前途に見切りをつけた、あるいはその行動に不透明な点があって、屋島に移った主戦派から排除されたのだろうか。

小松家の清経は柳ヶ浦(門司《もじ》説もある)で前途を悲観して入水したとされる。『右京大夫集』に「心とかくなりぬる(自分の意志でこのようになった)」ことが述べられているので(二一七番歌詞書)、史実であろう。彼は院近習だった成親と極めて縁が深かったがゆえに、それが災いになって鹿ヶ谷事件以後ふるわなかった。西走後、自分の幸福も光栄も、生きているうちは決してないと悟った時、前途はいよいよ暗かった。

第五章　一の谷から壇ノ浦へ

——平家一門の終焉——

平家対義仲

平家が九州から追い出される一カ月前の寿永二(一一八三)年九月一九日、法皇は木曾義仲に平家の追討を命ずる。院は源行家を追討使に加えるよう再三命じたが、義仲は言を左右にして応じない。行家とは入京の時から主導権を争い、対立を深めていたからである。義仲軍は勢いに乗じて京に雪崩《なだ》れこんだので、兵糧などの準備もなく、入京直後から略奪・狼藉を繰り返す。加えて義仲は庇護していた北陸宮《ほくりくのみや》(以仁王の遺児)の即位を院に迫った。それらによって、後白河との間は険悪になっていた。法皇が義仲に出陣を命じたのは、追討を名目に京から追い出そうとした一面がある。

一方、日は明らかでないが九月のうちに宗盛は法皇に書を呈し、「自分には法皇に背く意志はまったくない、都落ちは不意のことで慌て騒ぎ、当座の難を遁《のが》れるため、天皇を連れて都を遠く離れさすらうはめになった、しかしこの上はひたすら仰せのままに行動する」と奏し(『玉葉』一一月一四日条)、和親・帰京の意志ありを明言した。大宰府を拠点に態勢の立て直しをする構想が思うにまかせず、現状の長びくことが明らかになったのが、弱気につながっているのであろう。ところが、義仲も勢いが失せ、行動に生彩がない。

一〇月になって義仲は備中に入ったが、備前・備中の国人らの反抗にあい、退却している。この時討ち死にした平家御家人の瀬尾兼康は、北陸道の合戦で義仲勢に捕らえられ、道案内役で備中に下った時、離反して挙兵した。『平家物語』では、瀬尾のもとに集まった兵は、馬・武具・従者などを平家に差し出し故郷に隠退していた老人たちで、柿渋《かきしぶ》を引いた麻の直垂に衣服の裾をからげてはしょり、粗末・簡単な武具を応急修理して着け、山狩りに用いる靫《うつぼ》(矢を入れる容器)や竹製の粗末な箙《えびら》(同)に矢を少々さしていたとある。当時の徴兵された民衆兵の姿を彷彿とさせる記述である(巻八「瀬尾最期」)。

同一四日、頼朝は挙兵いらい実力で占拠してきた東国の諸荘園の支配権を社寺・貴族らに保証し、朝廷側も頼朝の東海・東山両道の行政権(国衙在庁指揮権)掌握を正式に追認した。最初は義仲の勢力圏である北陸道も後者の適用範囲に含まれていたが、朝廷は義仲の反発を恐れ削除した。この内容がもられた宣旨は、研究者のなかで「寿永二年一〇月宣旨」と呼ばれ、東国政権としての幕府成立の画期であるとともに、謀反人であった頼朝が朝廷からはじめて公権を与えられたもの、とみなされている。そういう権を頼朝に与え、さらに上洛を促したことにより、法皇と義仲の対立は決定的なものになった。

閏一〇月一日、重衡・通盛が義仲軍と備中水島(現岡山県倉敷市玉島港内)で戦い勝利する(図16参照)。義仲が屋島に拠点をさだめた平家を攻撃しようとした矢先、平家方の水軍が先制攻撃

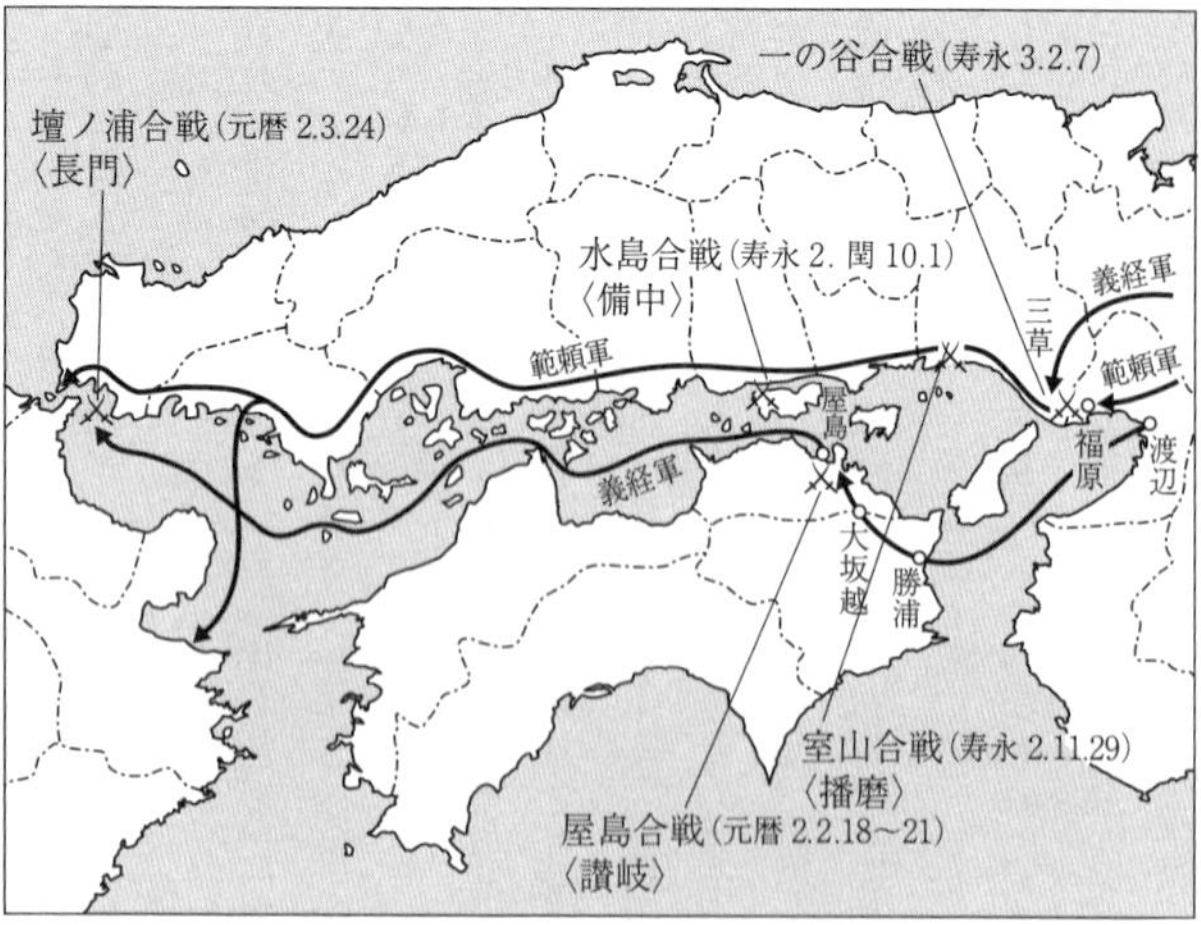

図16　源平合戦図2

をかけて打ち破り、総大将矢田義清、侍大将海野《うんの》幸広《ゆきひろ》を討ち取る。一〇月下旬のころ、宗盛は義仲に和睦を申し入れていたようだが、平家は久々の勝軍《かちいくさ》に意気上がり状況は一変した。

一一月になり行家が西国に下向する。九日には、重衡を大将軍とする三〇〇騎の平家軍が備前国に押し寄せ、備前国衙の軍事警察を職務とする武士たちと戦って破った。これにより平家の前衛は室泊《むろのとまり》(現兵庫県たつの市御津《みつ》町の室津港)まで進出できた。室は瀬戸内でも有数の良港として知られた交通の要衝である。

盛り返す平家、没落する義仲

法皇が兵を動員し法住寺殿の防備を強化するなど、義仲への挑発を続けたので、ついに一一月一九日、義仲は法住寺南殿を攻め火を放った。法皇方はたちまち敗れ、武士のほか、公卿・侍臣に死傷者が出、混乱のなかで天台座主明雲や円恵《えんけい》法親王（後白河第五皇子）が殺された。法皇も幽閉される。この結果摂政基通以下、院近臣の多数が解官され、摂政には義仲と結んだ前関白基房の子師家《もろいえ》一二歳が就任、義仲は京都につかの間の孤独な専制を布《し》いた。

一一月二九日、平家は播磨国室山（室津港の背後にある丘陵）を攻めた行家を、自陣深く誘いこんで大いに破った（図16参照）。行家の郎従百余人が死去し、あるいは生け捕りになったという。この合戦の平家方大将として教盛・重衡らの名が見える。重衡は当然だが、教盛は当時五六歳、実戦の経験も乏しい。総大将としては無理があるので、次男で剛勇の聞こえのある教経《のりつね》の誤聞かもしれない。この月、義仲は密かに使いを宗盛に送り、共同して頼朝を防ごうと提案したが、宗盛は拒否する。

一二月二四日、兼実のところに大外記《げき》の清原頼業《よりなり》が来て、世事を語りあった。外記は太政官の事務部門の一局、議政官のいわば書記役で、詔書の検討、奏文の作成、公事・儀式への奉仕などをつかさどった。大外記はその長である。頼業は安徳天皇が京都に還ってきたら、現在の後鳥羽天皇はどうなるのでしょうか、ことによると六条天皇のような形になるのでしょうかと問う。六条は二〇年近く前の永万元（一一六五）年六月、父二条天皇の病による退位をうけて二歳で即位した天皇で、仁安三（一一六八）年二月には、位を後白河上皇の皇子憲仁親王（高倉天皇）

に譲って上皇になった。滋子を母とする皇子を即位させるためであるが、後白河からいうと天皇(高倉)は子で上皇(六条)は孫、八歳の天皇に五歳の上皇で、この変則はむろん例がない。頼業は、兄の安徳が復帰すれば、弟の後鳥羽は数カ月の在位で、元服の式もないまま放置され一三歳で亡くなった六条同様、まったく実権のない上皇に追いやられるのでは、と観測したのである。こういう話題が出るのは、平家の京都奪還が現実味を帯び始めた証拠だろう。

のちに捕虜となった重衡は尋問を受け、平家は兼実が「天下を知る(治める)べきの由」を決めていたと述べている(『玉葉』元暦元年二月一九日条)。これは平家が天下の権を奪回した時は、兼実を幼主安徳の摂政とする天皇親政、つまり後白河を治天の君から追放する政権構想を固めていたことを意味する。

軍事的に劣勢となり、頼朝と平家に東西から挟撃され苦境に立った義仲は下手に出て、翌年正月中旬まで、平家との間に和平の途を模索する。京都では平家入京近しの噂が頻々《ひんぴん》と流れた。いったんは義仲は後白河を平家に預け近江に下って頼朝軍を迎撃、平家は寿永三(一一八四)年正月一三日に入京するという合意が成立したが、義仲が後白河を連れて本拠の北陸に下ると聞くに及んで、ご破算になった。

正月一五日、義仲は征東大将軍(征夷大将軍)に任じられたが、もはや空名というほかはない。その五日後の正月二〇日、後白河の義仲追討の命令を受けた源範頼の軍が勢多から、義経が宇治川方面から侵入してきた。義仲は京都六条河原でも敗れ、今井兼平《かねひら》らわずかな兵を率いて北陸をめざした。しかし近江粟津《あわづ》(現滋賀県大津市粟津町)で甲斐源氏の一条忠頼《ただより》(武田信義の子)の軍勢と遭遇し、あえなく討ち死にする。

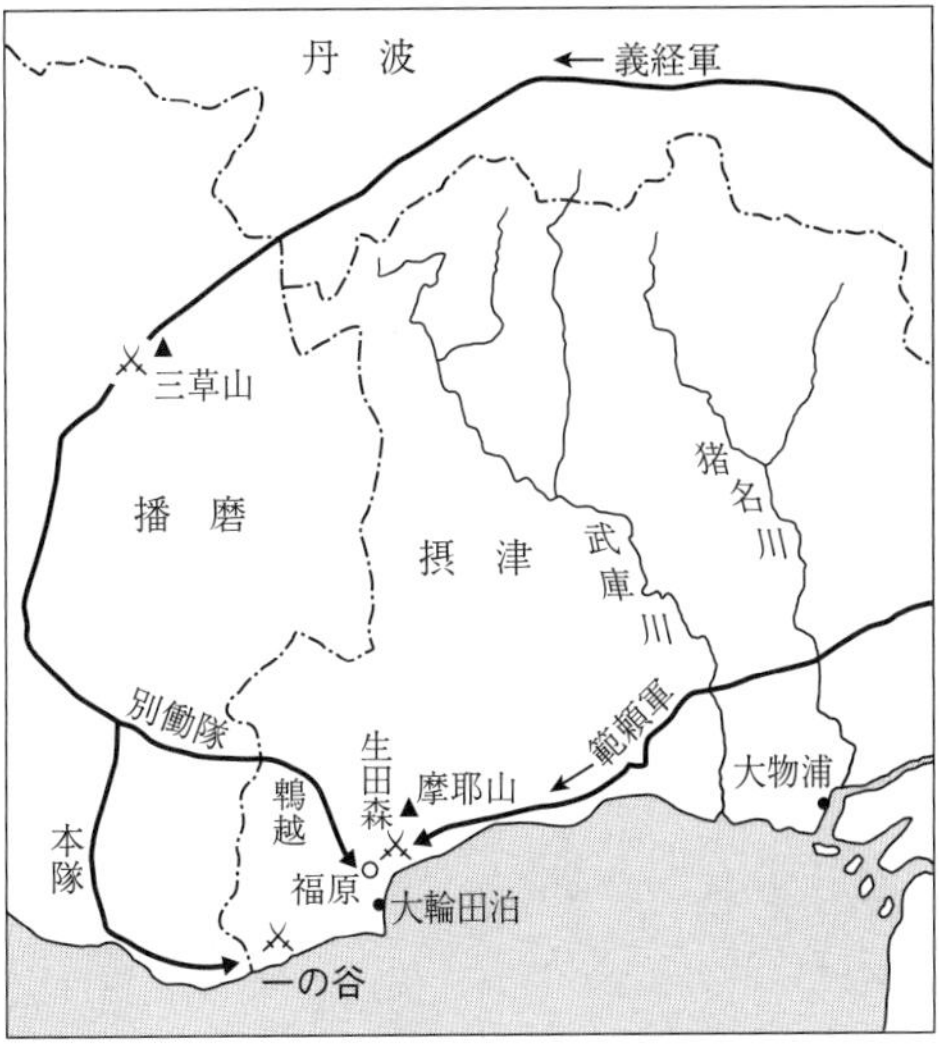

図17　生田森・一の谷合戦図

平家はこのころ摂津福原に入っていた。神戸市の地形は、北に六甲の峻険な山峰が長く連なり、南は大阪湾である。東の生田森《いくたのもり》(大手《おおて》、敵の正面)と西の一の谷(搦手《からめて》、敵の背面)は、それぞれ山が海に近く陸地が狭まっている。そこに堅牢な木戸(防衛施設)を設け、海上には軍船を浮かべ、守りを固めた。その勢は四国を中心とする兵で数万と噂される。

一の谷の合戦

義仲を屠《ほふ》った源氏軍は、つづいて平家を討つため二手に分かれ、大手の範頼は山陽道を西に進んで生田森に迫り、搦手に向かった義経は山陰道からさらに丹波路をとった（図17参照）。平家の数万というのは相手を威嚇する宣伝情報、もしくは平家の復帰を望む勢力の希望的観測で、いずれにしても誇大であろうが、頼朝方も「一方僅か一、二千騎に過ぎず」という有様で、源氏方優勢にはほど遠い状況だったらしい（『玉葉』）。

丹波路を西に進んだ義経軍は、播磨・丹波国境付近から西に入った三草山《みくさやま》（現兵庫県加東市）に陣を布く資盛・有盛ら小松家の公達の軍に夜討ちをかけ、敗走させる。ついで南下し、西から一の谷の木戸に迫った。七日の朝、戦端が開かれ平家の大敗に終わる。宗盛や天皇らは船に移って屋島に逃れ、政権を再び手にする夢も、京都に錦を飾る望みも、すべてついえさった。帰りついた平家は三〇〇〇騎ばかりだったという。

この合戦については、一般には『平家物語』諸本や『吾妻鏡』のそれが知られている。しかし、『平家物語』が語るストーリーは虚実交じりあって、史実と見るには大いに問題があり、後者は編纂の際に特別な材料を持たず、ほとんど『平家物語』をなぞって書いたことが明らかになっている。結局この合戦の経過についての信頼に足る史料は、わずかに『玉葉』二月八日条の記事があるのみ。以下その全文を掲げよう。

未明に人走り来たりて云ふ、式部権少輔範季《のりすえ》朝臣の許より申して云ふ、この夜半ばかり梶原平三景時《へいぞうかげとき》の許より飛脚を進《まい》らし申して云ふ、平氏皆悉《ことごと》く伐ち取り了《おは》んぬと云々。その後午《うま》の刻ばかりに定能《さだよし》卿来りて、合戦の子細を語る。一番に九郎《くろう》（義経）の許より告げ申す〈搦手也、先づ丹波の城を落し、次いで一の谷を落すと云々〉。次に加羽冠者《かばのかじゃ》（範頼）案内を申す〈大手、浜地より福原に寄すと云々〉。辰の刻より巳の刻に至る。猶一時に及ばず。程無く責め落され了ぬ。多田行綱山方《やまがた》より寄せ、最前に山手《やまて》を落さると云々。大略《たいりやく》城中に籠るの者一人も残らず。ただしもとより乗船の人々、四五十艘ばかり島の辺《ほとり》に在りと云々。しかるに廻り得べからざるによりて、火を放ち焼け死に了んぬ。疑ふらくは内府（宗盛）等かと云々。伐ち取る所の輩《やから》の交名《きようみよう》未だ注進せず。よりて進らさずと云々。剣璽内侍所の安否、同じくもつて未だ聞かずと云々。

右によれば、兼実への合戦の報はまず梶原景時からのそれで、八日朝まだ暗いうちに兼実の家司藤原範季を経てもたらされた。梶原景時は遠征軍全体の軍奉行《いくさぶぎょう》（大将軍の下にあって軍事全般の統轄にあたった）的な役を務めていた。名門貴族の徳大寺（藤原）家に仕えていたことから教養高く、弁舌も巧みだったので、頼朝に重用された無二の腹心である。つづいて昼ごろ藤原定能が兼実亭にやってきて詳細を語った。定能は院の側近であるから、院に通報された記録内容を兼実に紹介したのだろう。こういう記録は合戦記録といわれ、合戦が終わると各大将軍のもとで情報の集約が行なわれた。

院に届いた第一報は搦手を進んだ義経からのそれで、「先づ丹波の城を落し、次いで一の谷を落す」というから、三草山で勝利した後、当日は一の谷側から攻め木戸を突破したのである。第二報は大手の範頼からのそれで、「浜地より福原に寄すと云々」とあり、海に沿って進み生田森を経て福原に攻め寄せている。戦闘は「辰の刻より巳の刻に至る」だから、午前八時ごろから一〇時ごろまでの二時間足らずで、比較的短時間で勝負がついた。それは多田行綱が「山方」より寄せ、真っ先に「山手」を落としたからだという。

「大略城中に籠るの者一人も残らず」というのはオーバーだが、平家が大損害を出したことを示す。「もとより乗船の人々、四五十艘ばかり島の辺に在り」云々というのは、清盛が築いた大輪田泊の経島付近に乗船したままの人びとがいたということで、狭い港内に多数の船が停泊していたため、混乱のあまり外海に出られないまま、自ら火を放ち焼け死んだ。その中には宗盛らもいるらしい。討ち取った者のリストは、まだ院に注進されていないので、お見せできない。三種の神器の安否も、まだ聞いていない。宗盛の死など誤報も混じっているが、以上、定能が兼実に語った内容である。

合戦の実像を求めて

この合戦についての最新で、もっとも優れた研究は川合康氏のそれである。二〇〇五年九月二五日、神戸市内で「シンポジウム源平合戦——伝承された戦いの虚実」(主催、歴史資料ネットワーク・兵庫区民まちづくり会議・兵庫区役所)が開かれ、筆者もパネラーとして参加した。川合氏はメインの報告者として「生田森・一の谷合戦と地域社会」を報告している。ちなみに歴史資料ネットワークは、阪神淡路大震災発生直後から、被災地の歴史資料の救出・保全活動を行なってきた歴史研究者のボランティア団体で、神戸大学文学部(現大学院人文学研究科)内に拠点をおいてきた。

詳細はシンポの成果をまとめたブックレット『地域社会からみた「源平合戦」——福原京と生田森・一の谷合戦』を参照していただくとして、氏の研究に導かれながら、この合戦の要点を述べると、まず名称が問題になる。合戦の空間は、東の生田森が現在の神戸市の中心街三宮《さんのみや》にあり、西の『源氏物語』で有名な須磨《すま》近辺の一の谷までは約一〇キロ、ＪＲで七駅、各駅停車で一五分もかかる広大な範囲である。それゆえ「大手」「搦手」二つの戦場を合成した生田森・一の谷合戦というべきであろう。一の谷の戦いという呼称は、義経中心に合戦をみた結果で、『平家物語』に見えるさまざまな記事も、混乱しながら多く一の谷側に集められている。

義経は一の谷戦後二年間近く京都に駐留していたので、貴族・高僧に知人が少なくない。合戦の具体的な様相を語る機会も多く、意地悪くいえば彼の自己宣伝が後世の合戦理解の流れをつ

図18　ひよどり展望公園より神戸市内を望む．左手の山陰にあたるところが福原（筆者撮影）

くった。

つぎに当時の合戦は、騎馬武者の華々しい一騎打ち中心であるかのように考えられているが、その実態は多く交通の要衝に敵の進入を阻止するバリケードを築き、そこで迎え撃つ陣地戦だった。生田森・一の谷合戦はまさに生田森と一の谷に設けられた防御陣地をめぐる攻防戦なのである。

義経は搦手軍をそのまま一の谷の西門に向かわせ、自らは七十余騎の別働隊を率い、険阻な鵯越《ひよどりごえ》を越えて平家軍を奇襲し、合戦の勝利に決定的な貢献をしたといわれている。世にいう「鵯越の逆落とし」である。たしかに『玉葉』にも、別働隊が北の「山方」から迫って大きなダメージを与えたと明記されているが、「多田行綱山方より寄せ、最前（真っ先）に山手を落さると云々」とあるように、功は多田行綱をリーダーとする摂津武士たちに帰さなければならない。彼は、平家都落ち後、木曾義仲に従っていたが、法住寺殿での合戦前から離れ、義経入京後は摂津武士を率いていた。

「山方」は六甲連山の西部、播磨国三木《みき》（現兵庫県三木市）・藍那《あいな》（現神戸市北区山田町）と夢野《ゆめの》（現

神戸市兵庫区夢野町）・大輪田泊を結ぶ山中の間道であろう。このルートの途中、神戸電鉄有馬線のすぐ東の尾根に現在も鵯越の地名が残り、山から降りた夢野の東はもう福原である（図18参照）。「猪鹿兎狐の外通はず」というほどの道ではなく、当時から利用されていたルートであり、案内者の手引きがあれば福原を奇襲することが可能である。『吾妻鏡』に、鵯越は「一谷の後山」だと書かれているため、古来、比定地に混乱があるが、それは義経の活躍を印象づけるため、一の谷近くに場所を引き寄せた作為といえる。行綱は、義経の本隊と分かれるまでは搦手軍に属していたので、やがて彼の功が義経のそれにされてしまったのである。

騙し討ち

平家軍の犠牲はおびただしい。大将軍クラスでも九名が討ち死にした。合戦後宗盛が後白河に宛てた書状には、「合戦前日の六日、修理《しゅり》権大夫《ごんのだいぶ》から書状が届きました。「和平の相談があるので、来たる八日に京を出、院のお使いとしてそちらに下向します。私が安徳天皇の勅答を承って帰京するまでは狼藉をしてはならないという院の御命令が、関東武士に伝えられております。だからこの件を早く貴軍の兵士たちにお知らせください」という内容だった。それを信じたため平家は手ひどい損害を受けた。これはいったいどういうことですか」、との詰問箇所がある（『吾妻鏡』二月二〇日条）。和平の話は平家を油断させるための謀略だったのではないか、と抗議しているのである。

和平の儀は実際にあった。正月二六日、信西の子の静賢《じょうけん》法印が和平使に指名され、詳細を言い含められた。院自身はもともと平家追討でこり固まっていた。もし後白河が和平に関心を示したとすれば、入京必至という平家の勢いを恐れた以外に、理由は考えられない。ところが同じ日に平家追討使の第一陣が京を発《た》っている。翌日には早くも平家に使いを送るのが中止になった。和平話に安堵していた兼実は、後白河院側近の強硬派の策動によるものだと怒っている。正月二九日には範頼・義経の出立が完了する。にもかかわらずなお使節として静賢に派遣が命ぜられ、さすがに彼は、追討使派遣のうえは「道理叶はず」と辞退した(『玉葉』)。

修理権大夫から書状が来たというから、静賢が辞退した後、その人物が改めて和平交渉の窓口に指名されたのであろう。修理権大夫の実名はわからない。修理大夫なら後白河側近の参議藤原親信《ちかのぶ》であるが、彼は平家追討の急先鋒の一人だから、まさか和平使には立たないだろう。かりに停戦命令が事実だとしても、鎌倉方は聞く耳を持たなかった。経過がどうであれ結果として平家は騙された。後の祭りであるが、宗盛らの脇の甘さがここにも露呈している。

『吾妻鏡』は『平家物語』に依拠してこの合戦を叙述しているが、わずかに独自記事として二月一五日条に、範頼・義経が摂津国から飛脚で鎌倉に送ったという「合戦記録」の要点が掲載されている。そこには「去る七日、一谷において合戦す。平家多くもつて命を損す。前内府

（宗盛）已下海上に浮びて四国の方に赴く。本三位中将（重衡）は之《これ》を生虜《いけど》る。通盛卿、忠度朝臣、経俊《つねとし》〈已上三人は、蒲冠者（範頼）之を討取る〉。経正、師盛、教経〈已上三人は、遠江守義定之を討取る〉、敦盛《あつもり》、知章《ともあき》、業盛《なりもり》、盛俊〈已上四人は、義経之を討取る〉。此外梟首する者一千余人。凡《およ》そ武蔵相模下野等の軍士、各《おのおの》大功を竭《つく》す所なり。追つて注記言上すべしと云々」とある。同「合戦記録」は、『吾妻鏡』編纂時の鎌倉後期まで、幕府に保存されていた資料の一部だと考えられる。

甲斐源氏の安田義定は富士川戦勝利の殊勲者である。木曾義仲が北陸道から入京を果たしたのと同時に東海道を攻め上り、八月、平家追放の賞として遠江守に任ぜられた。義定はこの時点ではまだ頼朝に対する独立性を保持していた。それが範頼・義経と別に軍功を記されている理由だが、そうすると彼はどこから攻めこんだのだろう。やはり鵯越の可能性が高そうである。そうなら山手から攻めこんだ多田行綱は単独の行動ではなく、安田義定の統率のもと、その先陣の将として働いたことになろう。

知盛の述懐は事実か

討ち取られた一人、武蔵守知章は知盛の息子である。『平家物語』諸本では、知盛は自軍壊滅状態のなかで最後に沖合の助け船に乗ろうとして、背後から迫った東国勢に危うく組まれそうになる。その時、知章が敵との間に割って入り自らは命を落とし、父はそのすきに逃がれた。船上で知盛は宗盛に、我が子すら犠牲にするほどの人間の生への執着と利己心の恐ろしさを涙ながらに語り、「もしこれが他人のことならば、どんなにか非難したく思うでしょうに、自分のことになると、よくよく命は惜しいものだったと、今こそ思い知らされました」と語った(巻九「知章最期」)。

石母田正の岩波新書『平家物語』が発掘した古典平家の泣かせ所の一つであり、知盛の真率さと人間にたいする洞察の深さを見事にとらえた最高の場面である。知盛が我が子を見捨てたのはただの命惜しさではなく、彼が平家全軍のなかで負った重責によるのだろうが、しかしそれがすべてではなかったかもしれないという自省が、この痛切な言を吐かせている。船に収容できなかった愛馬を、敵のものになるといって射殺そうとするのを、「我命をたすけたらんものを。あるべうもなし」と制止したのも、自分を助けるために犠牲になった我が子や郎等への愛惜の思いと、別のものではなかったのだろう。

しかしながら、生田森方面の総大将であったはずの知盛は、『玉葉』『吾妻鏡』などの合戦の記述中には、まったくその名前が見えない。知盛の述懐場面が作者の創作であったとすれば、その巧妙な人物造型、人間把握の冴えには舌を巻かざるをえない。

同じく戦死した通盛と業盛は、教盛の長男・三男である。次男教経は、安田義定の軍が討ち取ったといわれたが、戦後義経が勝利を誇示するため、討ち取った首を掲げて都大路を行進した時、その首は本物ではないという声があがった。壇ノ浦戦の結果を記した同時代史料には、「自害」者の項に「能登守教経」の名が見えている（『醍醐雑事記』巻十）。やはり壇ノ浦での戦死でよいと思う。

公達らの最期

経盛も長男経正以下、経俊・敦盛と実子の多くを喪《うしな》う。小松家では重盛の五男師盛が戦死した。忠度は覚一本では、誰とも名乗らず討たれたが、死後、箙《えびら》に結びつけていた文《ふみ》に記されていた和歌から忠度と知られ、人々の涙を誘ったという（巻九「忠教最期」）。興味深いのは読み本系『平家物語』では、敦盛は熊谷直実と互角に戦っており、直実から「御心も猛《たけき》人にて座《おは》しけり」と評されている（『源平盛衰記』巻三十八「平家公達最後並頸共掛一谷事」）。それが語り本系では、豪の直実、雅の敦盛と好対照になっている。

その他、語り本系では、平家の公達の最期を描くにあたって、読み本系の他の公達の最期の様子を取り入れ合成したらしい。語り本の「忠教（度）最期」の、鉄漿《かね》（お歯黒）をつけているのを平家公達のしるしと見るところは、延慶本の師盛が討たれた時と同じであり、語り本の「敦盛最期」の互いに名乗るまいぞという箇所は、やはり延慶本の師盛のそれに通じる（巻九の廿六)。また読み本系諸本の多くでは、敦盛が身につけていた楽器を篳篥《ひちりき》としていたが、語り本では笛に変わっている。これも延慶本で通盛が「鎧ノ引合セニ、秘蔵シテ持給タリケル笛」とあるのを用いた、と見てよいのではないか(巻九の廿七)。

なお敦盛の笛は「青葉の笛」の名で知られるが、覚一本はその名を「小枝《さえだ》」とする。笛の上手だった忠盛が鳥羽法皇より賜り、子経盛、孫敦盛へと伝えられたとする。笛名が変わってしまったのは、謡曲「敦盛」に青葉の笛とあったからだろうといわれている。敦盛を討って世の無常を感じ出家した熊谷直実が、再び一の谷を訪れ草刈りの男たちの笛を聞き、敦盛の亡霊が現れる。一五世紀の世阿弥描くところの情景である。

重衡捕らえられる

語り本は知盛を生田森の大将軍にした。そのため重衡は副将軍に格下げされているが、読み本系では重衡が大将軍である。『平家物語』諸本では、敗軍のなかで重衡は西に逃げる。乗馬を射られ弱ったところを追いつかれ、乗替《のりがえ》にも逃げられ自害を試みたが、ついに生け捕りとなったという点で一致している。乗替は主人の乗り替え用の馬を預かり、それに乗って付き添う役の侍で、この時には乗馬を取り上げられる恐怖に駆られ逃亡した。

小林美和氏が注目するように、延慶本では追ってきた梶原景時に、「御乗替ノ逃候ツルコソ無下《むげ》ニ見苦《みぐるしく》覚候へ。イカニアレ体《てい》ニ候侍ヲバ召仕《めしつかは》セ給ケルヤラム」と声をかけられている。つまり重衡は、あなたは命の綱である乗替馬を、我が身の命惜しさに主を見捨てるような侍にまかせたのだ、と人を見る目の甘さを痛烈に衝かれている。景時のこの時の言葉を、重衡はのちに「縦《たとへ》バ三百ノ鉾《ほこ》ヲ以テ一時ニ胸ヲ指《さゝ》レ」るにも劣らぬ衝撃だった、と述懐した(巻九の廿三)。はじめてのしかも決定的な挫折が、乗替への憎しみにではなく、自らの洞察力不足や未熟さによるもの、と我が身のいたらなさへの反省を深める方向に向かっているさまがうかがえる。

主を見捨てた後藤兵衛盛長は、延慶本では「一所ニテ死《しなむ》」と契った郎等だが、語り本系では乳母子である。小さな違いのようだが、乳母子は乳母とともに、生涯にわたって養君に忠実、密接に仕える関係にあった。乳兄弟なら同一人の乳で育てられた間柄だから、肉親の情が薄い実の兄弟よりも信頼しあえる関係である。それが主君を見捨てることは、一般の郎等が離反するよりずっと非難され、憎まれる行為である。非難は逃げられた重衡ではなく逃げた盛長のほうに集まるだろう。語り本系では盛長を乳母子に変えることで卑怯者の面をより強調し、重衡の悲嘆や焦りや悔しさを合理化し、同情の対象に変えている。いいかえると挫折体験を通しても、重衡はなお華やかな「牡丹の花」のままでいられたのである。

この件について『平家物語研究事典』の「重衡」の項は、「乳母子の後藤兵衛盛長に見捨てられて捕虜となった経緯は、彼を勇将として描こうとする意志を持たない作者の創作であるかも知れない」という。これまで確認してきたところからも理解できる指摘だと思う。同時に生け捕りになった具体的な状況を語る確かな史料は存在しないので、それをいかに描くかは、文学における人間把握の質の問題になる。筆者は景時の言葉に自省を深める延慶本の設定を買いたい。

神器との交換

囚われ人となった重衡は二月九日の入京後、土肥実平《どひさねひら》のもとに禁固されていた。『吾妻鏡』では同一四日、院の命で右衛門権佐藤原定長に尋問されることになったとあるが、事実はすでに一〇日に定長の尋問を受けている。重衡にとって以前は歯牙にもかけなかった人物であるが、まるで罪人が冥土で閻魔《えんま》庁の役人に逢ったような気になったという。定長は五位であったから蘇芳《すおう》色の袍《ほう》(束帯の上着)を着ており、赤系統の服色が閻魔庁の役人の着衣を連想させたからである。

『平家物語』の語り本系諸本では、後白河が三種の神器の返還とひきかえに重衡の身柄の解放を提案し、重衡もこれに同意し、郎従の左衛門尉重国を屋島の宗盛のもとに派遣したとある。しかし『玉葉』では二月一〇日に、重衡が自分から、「書状に我が郎従を添えて屋島の宗盛のもとに送り、剣璽をもらい受け進上したい」と提案したとあり、むしろ定長のほうは、成功しないだろうが申請にまかせ院のお目にかけよう、と兼実に語っている。

重衡が自らの解放を交換条件にしたかどうか、『玉葉』には記されていないのでわからない。三種の神器を有してこそ平家や安徳天皇の正統性も主張できるのであり、普通に考えれば、それを自ら手放すなど大局を見誤った判断である。それは彼もわかっていただろう。平家軍事力が回復不能な打撃を受けたことを誰よりもよく知っていた彼は、和平の機会はいまが最後、と考えたのかもしれない。

『平家物語』が事実をまげ、重衡と神器の交換を院の意志としたのは、神器を返して重衡を助けよという時子の愁嘆を描き、それを宗盛が制することによって、なお平家に継戦の意志ありという筋書きにしたかったのではないか、といわれている。ちなみに覚一本は、知盛が「たとえ三種の神器を都へ返しても、重衡が返されるのはむずかしかろう」という現実的な判断を述べ、それが宗盛の決断の支えになったと記す（巻十「請文」）。知盛のこの意見はやはり読み本系には見えない。

重衡の提案をうけた院の使いは二月二一日に宗盛のもとに着き、それへの返書は二月二六、二七日ごろ都に着いた。『平家物語』では高い調子で、重衡と神器の交換を拒否し、むしろ後白河院のほうが讃岐に御幸あるべしと主張し、あまつさえ時忠は院宣を屋島にもたらした使者花方《はながた》の顔に、「浪方《なみがた》」の焼印を捺《お》すような手荒なことをやってのけている（同右）。

宗盛の弱気と維盛の脱落

史実では宗盛の返事は、「三ヶ宝物（神器）ならびに主上（安徳）・女院（徳子）・八条殿（時子）においては、仰せのごとく入洛せしむべし、宗盛においては参入能《あた》はず。讃岐の国を賜はつて安堵すべし。お供は清宗（宗盛嫡子）を上洛せしむべし」という低姿勢の内容で、兼実はひょっとしたらこれで追討の日延べはあるか、と感想を述べている（『玉葉』二月二九日条）。さらに重衡が屋島に遣わした従者からの報告で、「宗盛の返事はおおよそ和親をこいねがうのが趣旨で、とどのつまり源平相並んで召仕われたいといったところか」とわかったが、院側はそれでは頼朝が承諾しないだろうからやっかいだ、と判断している（『玉葉』三月一日条）。

三種の神器を返還し、つのる猜疑心から自分は屋島から出ず身の安全をはかるという宗盛の答えを、泉下の清盛が聞いたら激怒しただろう。彼にそういわしめたほど、生田森・一の谷での惨敗のショックは大きかった。『平家物語』に見える平家の強硬姿勢は、史実に反する完全な虚構である。幸か不幸か結局この交渉は成立しなかった。もっとも時忠の焼印の件は、同じ年の夏、九州に遣わされた院の召使いが、平家のため実際に顔面に焼印を捺されたことがあったので、そこからヒントをえたのだろう。

重衡の身柄は義経に引き渡され、三月一〇日、頼朝の命で梶原景時が東国に連行した。一方維盛は先述のように、都落ち時点で有力郎等が離反し、事実上軍を指揮する資格を失っていた。一の谷合戦では参加の気配さえなく、京都では、敗戦直後三〇艘ばかりを率いて屋島から南海すなわち紀伊方面を指して去ったという噂が流れている。三〇艘といえば集団的な戦線離脱である。同年四月下旬、維盛の弟忠房が関東から帰洛するとの噂が流れているので、忠房も屋島からの脱走組で、そのまま鎌倉の頼朝のもとに走ったのだろう。

その後の戦況

宗盛の落胆、意気阻喪とは別に、平家はなお一定の勢力を有しており、九州では松浦党以下少々、平家に属したという風聞があった。一の谷戦後の四月末以降、重衡を鎌倉に送り届けた梶原景時が、土肥実平とともに平家追討戦にあたるようになった。ところが土肥軍は備後で追い返され、播磨の梶原が備前に進み、それを見た平家が室泊を焼き払うという情勢になる。平家いまだ強勢の報が何度も京都に伝わり、兼実も「鎮西多く平氏に与《くみ》し了んぬ。安芸国において官軍〈早川と云々〉と六ケ度合戦、毎度平氏理《り》(勝ち)を得ると云々」という情報を書き留めている(『玉葉』八月一日条)。割注の早川というのは土肥(小早川)の軍を指し、これが『平家物語』の能登守教経が奮戦する、一の谷戦以前の「六ケ度軍《ろくかどのいくさ》」に化けたのだろう(巻九)。

同じころ七月、第四章で述べたように伊賀・伊勢の平氏が蜂起して大内惟義を襲い、近江では頼朝の有力御家人佐々木秀義《ひでよし》が戦死する大損害が出た。ここに至って頼朝と朝廷は方針を変更する。土肥・梶原に加えて範頼を派遣、中国・四国・九州の平家を討たせ、義経には京都の守護や伊賀・伊勢の平氏や平家家人の残党討伐をまかせることで合意したらしい。

九月、範頼は兵を率いて京都から山陽道を下った。平家方のしぶとい抵抗と兵糧・兵船の欠乏に悩みながらも、翌元暦二(一一八五)年正月上旬には、九州に渡るため周防《すおう》から長門に進んだ。豊後の臼杵《うすき》・緒方両氏が呼応したのを知って、いったん周防に戻ったが、二六日にはついに九州上陸に成功する。範頼苦戦の報を聞いた義経は独断で阿波に渡海、二月一八日、直接屋島を攻撃し勝利した(図16参照)。院が出撃を思いとどまらせようとし、平家追討は範頼にまかせるとの頼朝方針に忠実な梶原景時も反発したが、義経は意に介さなかった。この時期の頼朝の戦略方針と義経の行動の評価については、近年の研究によって従来とはかなり異なったものになっている。

壇ノ浦海戦

義経の急襲にあって屋島を追い出された平家主力は、知盛が守備する下関の彦島《ひこしま》に合流した。屋島と彦島の二拠点あれば、瀬戸内海の大半に支配力が及ぶが、屋島が失陥すれば平家の海上支配権は、彦島周辺に局限される。これで形勢を観望していた瀬戸内の水軍勢力が一気に源氏方についた。かくなれば乾坤一擲《けんこんいってき》の海上決戦しかない。

義経勢は周防の大島津（現山口県周南市もしくは大島郡周防大島町）に着き、範頼配下の三浦義澄《よしずみ》の軍と連繫をとることができた。平家に背いた過去があり、態度を保留していた熊野水軍の湛《たん》増《ぞう》が二〇〇艘を率いて味方に馳せ参じ、また周防国在庁の船奉行が、数十艘の兵船を献じたので、義経方の水軍は大いに増強され、決戦に臨むことが可能になった。

三月二四日、彦島を発った平家の軍船と壇ノ浦（現関門海峡の東口、早鞆瀬戸《はやとものせと》の北寄り）の海域で遭遇し、正午ごろから激しい戦闘状態に入る（図16参照）。源氏八四〇艘、平家五百余艘という。初め平家方が押していたが、合戦たけなわのころ、四国の水軍を率いる阿波民部（田口）成良が三〇〇艘を率いて寝返り、午後四時には平家の敗北が決した。

安徳天皇は二位尼時子に抱かれて入水。教盛以下知盛・教経・経盛・資盛・有盛・行盛らは入水または討ち死にした。『醍醐雑事記』によると戦死者八五〇人という。時忠父子ら文官貴族や女房・僧侶たち、また宗盛側近の人びとが生け捕りになった。建礼門院、宗盛・清宗父子らは入水したものの救助され囚人になったとされる。この海戦は海岸の見える海域で行なわれたので、平家の軍兵の中には敗色の見えた戦場から離脱し、姿をくらました者も多かった。勇名を馳せた平家の侍大将たち、主馬八郎左衛門（平盛久）・越中次郎兵衛（平盛次）・上総五郎兵衛（伊藤忠光）・悪七兵衛（伊藤景清）・飛騨四郎兵衛（伊藤景俊《かげとし》）らである。残党狩りと彼らの頼朝への復讐劇は、後世、謡曲に浄瑠璃・歌舞伎にさまざま脚色された。

朝廷や頼朝が関心を寄せた三種の神器のうち、神鏡は無事、神璽も海中より回収された。しかし宝剣は海没し、この後幾たびか捜索の使者が派遣されたり、祈禱が行なわれたりしたが、ついに見出すことはできなかった。

神器無事回収のため、平家追討に慎重であれと範頼に訓じた頼朝の戦略は、義経の独走でご破算になった。しかし現地の範頼は義経の行動を容認していただろうし、兵糧の欠乏で厭戦気分を隠さなかった、和田義盛《よしもり》のような範頼指揮下の有力御家人たちも、岸辺からではあるが、壇ノ浦戦に参加しているのである。

知盛の最期

知盛は戦の開始にあたり、「いくさはけふぞかぎる。物どもすこしもしりぞく心あるべからず。天竺《てんじく》・震旦《しんだん》にも、日本我朝《にっぽんわがちょう》にもならびなき名将、勇士といへども、運命尽きぬれば力及ばず。されども名こそを（惜）しけれ。東国の物共によわげ（弱気）見ゆな。いつのために命をばをしむべき。これのみぞ思ふ事」と大音声を張り上げて督戦し、いよいよ敗戦必至の時、安徳天皇の乗船を見苦しからぬよう自ら掃き清め、女房たちが口々に「中納言殿、いくさはいかにや、いかに」と問うたところ、「めづらしきあづま男《おのこ》をこそ御らん(覧)ぜられ候はんずらめ」と答え、「から〳〵と」笑ったという。そして、最後、知盛は「見るべき程の事は見つ。いまは自害せん」といって鎧を二領着て、乳母子の伊賀平内左衛門家長と手を取りあって、海に身を投じる(覚一本巻十一「鶏合　壇浦合戦」「先帝身投」「内侍所都入」)。

壇ノ浦で捕虜となった人々は、『平家物語』によると、男は平家一門とその家人たち計三八人、女性は女院や清盛の五女で基通の妻となった完子をはじめ四三人、あわせて八一人だという。このなかで鎌倉時代を生き延びた女房たちは多い。たとえば知盛の妻の七条院治部卿《じぶきょうのつぼね》局は、養君であった守貞親王(高倉天皇第二皇子)とともに生きて都に帰還した。親王と頼盛の孫娘との間に生まれたのが、承久の乱後幕府の後押しで即位した後堀河《ごほりかわ》天皇で、親王自身は皇位に就かなかったはじめての上皇となり、後高倉院政を開いた。

彼女らは戦闘を実際目の当たりにしたので、右の知盛の態度も史実を伝えているかもしれない。もはや体調不良をうんぬんしている場合ではないからである。しかし彼が壇ノ浦でどのような働きをしたか、『玉葉』はもとより『吾妻鏡』にも具体的な記載は何もない。ただ入水の事実を伝えるのみである。もちろん史料が残らなかったのと、実際に何の働きもなかったことは同じではないが、妻が夫の最期を理想化して伝えたとも考えられる。

捕虜といえば知盛が語った「めづらしきあづま男をこそ御らん(覧)ぜられ候はんずらめ」の

「覧《み》(る)」は、たんにものの存在に目を留めるという意味にとどまらない。とくに男女の間では、ただ顔を合わせたというだけでなく、肉体関係を持つ、結婚するという内容を有することが多い。それはこの場合「御らん」の前に、語り本系の屋代本では「今日ヨリ後ハ」、八坂系の南都本では「今日ヨリハ」とあるところからも明らかである。だから知盛は、冗談めかして東国武士の陵辱の対象となる覚悟を促していると解される。囚われ人、より露骨にいえば東国武士の戦利品であり、慰みもの、略奪の花嫁となった女たちの運命は、果たしていかであっただろうか。

宗盛は怯懦か

『平家物語』では、宗盛はいつまでたっても入水せず、船端で途方に暮れるばかりなので、あまりのふがいなさに侍の手で海中に突き落とされ、しかも泳ぎが達者なため沈みきれずにいたところを、敵に引き上げられる人物に描かれている。これを見て主君のもとへ駆けつけて奮戦した乳母子飛騨三郎左衛門景経は、主の目の前で討たれた。

宗盛が死ななかったのは、総帥という立場上、最後まで見届ける責任があり、軽々に自死が許されなかったからだろう。しかし人はそれを卑怯、未練と見る。『源平盛衰記』などは、時子が入水の前に宗盛の怯懦《きょうだ》をののしり、お前は実子ではない、清水寺近くの唐笠張りの子と取り替えた子だ、と暴露する異様な場面を設けている（第四十三「知盛船掃除附占海鹿並宗盛取替子事」）。

こうして時子の三人の男子は、宗盛は乳母子を見殺しにし、知盛は乳母子と手を取りあって死に、重衡は乳母子に裏切られる。三者三様のふるまいであるが、辻本恭子氏によれば、家長は知盛の有力郎等であっても乳母子ではありえない。物語作者は、おそらくは木曾義仲・乳母子今井兼平の関係と、知盛・家長のそれを重ね合わせている。兼平は周知のように前年正月、粟津の合戦で追いつめられた義仲に最後までつき従い、武将としての名誉を守るため自害を勧めるが、義仲は流れ矢にあたって戦死、これを見届けて自害した。覚一本「木曾最期」は、このような男女の情死にもまごう主従愛の世界である。辻本氏がいうように、滅びゆく武人の最期を飾るためには、壇ノ浦でも無二の関係で結ばれた主従の見事な死を描く必要があった。そのためにはただの主従では不十分で、襁褓《むつき》のうちからともに育った乳母子が必要だった。

これにたいし重衡の悲劇は乳母子に裏切られる、宗盛の怯懦は乳母子を見殺しにすることでより鮮明になる。これからしても後藤兵衛盛長は重衡の乳母子でなければならなかった。覚一本作者の人物把握はかくの如くまことに周到であり、それゆえそれらは、史実とは別種の堅固なリアリティを構築できたのである。

終　章　さまざまな運命

小松家の人びとの最期

『平家物語』では、寿永三(一一八四)年三月、維盛は妻子恋しさから屋島を抜け出し、高野から熊野に入り、那智《なち》(現和歌山県東牟婁《むろ》郡那智勝浦町)の海に身を投じて死んだ。宗盛や時子が「此人《この》は池の大納言のやうにふた心あり」と警戒して疎外したのが、維盛入水の一因だという(巻十「高野巻」)。『右京大夫集』では熊野の海岸で入水したと伝えている(二一六番歌)。中世以来、南方の海上にあるという観音の浄土、補陀落《ふだらく》世界へ往生しようとする信仰があり、その地と見なされた熊野那智では、舟に乗って那智の浜などから出帆する形のほか、維盛のような入水往生も多かったといわれる。

ところが『源平盛衰記』が伝える「或る説」には、那智の山伏らが維盛を憐れんで、滝の奥の山中に隠し置いたので、生き延びたとある。この伝承は『太平記』にも引かれ(巻五「大塔宮熊野落事」)、はるか江戸中期の浄瑠璃「義経千本桜」の吉野の鮓屋《すしや》弥助《やすけ》までつながってゆく。

また別の「或る説」によると、維盛は熊野三山の参詣を無事にすませ、とても逃れ切ることはできないと考え、後白河に助命を嘆願した。法皇が不憫に思って頼朝に伝えると、頼朝は人物を判断するため維盛をこちらに下すよう答え、その旨を法皇が伝えた。承った維盛はその後飲食を絶ったが、二一日目、鎌倉に到着する以前に相模の湯ノ本の宿で餓死したという。以上の記事は権中納言藤原長方の日記『禅中記』に見えると書いている(第四十「中将入道入水事」)。

　これについて上横手雅敬氏は、弟の忠房は文治元(一一八五)年一二月に関東に招かれ、首を斬られているので、前章で紹介した前年四月下旬に関東に下向していた忠房が許されて帰洛するという噂があったという『吉記』の記事は、維盛の誤伝ではないかという。また佐々木紀一氏は、弟の宗実(左大臣経宗の猶子)の死について、それと非常によく似た話があることに注目する(延慶本巻十二の卅三)。

　いまとなっては水死か餓死か、いずれとも決めがたい。ただ死に変わりはないとはいうものの、もし餓死なら、光源氏の再来といわれた公達の最期としてはあまりにみじめであり、哀れをとどめている。短い彼の人生の後半は、落日の小松家を背負って戦野をかけめぐり、しかも汚名続きだった。「人はたゞはたち前後か花薄《はなすすき》」(中堀幾音)という江戸前期の俳諧がある。老いた他者の目に映った若者のはつらつたる姿であるが、不運な若者の自分史への感慨としても読める。維盛の脳裡に去来した思いも、そうしたものだったかもしれない。

　資盛は『右京大夫集』では元暦二(一一八五)年春の死としている(二二三番歌詞書)。おそらく壇ノ浦で戦死したのが正しいのだろうが、壇ノ浦合戦の戦死・捕虜の名を記す『醍醐雑事記』所載の史料には見えず、なお検討を要する。

維盛が成親の娘との間にもうけた六代は、一門の都落ちに同道せず京都に残った。文治元年、平家の残党狩りで捕らえられたが、快僧文覚《もんがく》の頼朝への強引な嘆願で助命され、出家し高雄《たかお》神護寺《じんごじ》に住んだ。しかし、頼朝の警戒心は解けず、『鎌倉年代記裏書』などでは建久九（一一九八）年二月に斬られたという。六代の没年には異伝が多く、延慶本では建久一〇（一一九九）年二月（巻十二の卅七）、覚一本では建仁三（一二〇三）年以後にし（巻十二「六代被斬」）、『鎌倉年代記裏書』はその死を、頼朝の没年（建久一〇年正月）以前に意図的にさかのぼらせたようだ。

重衡斬られ

鎌倉に連行された重衡は頼朝と対面するが、少しもはばからない堂々たる態度で人びとを感嘆させる。この時、重衡は「弓馬に携わる者が、敵のために虜になるのは、必ずしも恥辱ではない。早く斬罪に処するように」と言い切る（『吾妻鏡』寿永三年三月二八日条）。確かに当時もその後も、武運拙く捕虜になっても、それ自体は恥とは限らなかった。それから五年後、頼朝の奥州追討で捕虜になった藤原泰衡《やすひら》の郎従由利八郎《ゆりはちろう》は、自分を見下した梶原景時の無礼な態度に、「汝と我と対峙した時に、どちらに勝劣があろうや。運が尽きて囚人となることは勇士の常である」と厳重抗議している（『吾妻鏡』文治五年九月七日条）。

日本で捕虜を恥と決めつけるようになるのは、日露戦争以後、本格的には日中戦争以降である。日中戦争が始まった時、日本は宣戦布告をせず、戦争を「事変(支那事変)」と称し、国際法上の戦争には該当しないとした。戦争状態にあると認められた国に対して、兵器や軍用機材、一般物資の輸入を禁止・制限したり、金融上の取引制限をしたりする、アメリカの中立法(Neutrality Acts)の適用をうけるのを嫌ったからである。戦争ではないから、捕虜も公式には存在しないものとされ、保護を与えるべき敵の捕虜に処刑などの不法行為を加えた。逆に味方の捕虜は敵前逃亡と決めつけ、軍人最大の不名誉とみなすようになる。その行き着く先が「生きて虜囚《りょしゅう》の辱《はずかし》めを受けず」をうたう戦陣訓《せんじんくん》で、捕虜になるのを禁じられた日本軍将兵は、絶望的な戦況下でも自決するか、死ぬまで戦うしかなかった。

重衡は南都焼討の罪を問われ、東大寺・興福寺衆徒の要求によって身柄を南都に引き渡されることになった。頼朝としては自分の手を汚さずに始末できるから、気は楽だっただろう。

『平家物語』では重衡は、頼朝との対面の夜千手前《せんじゅのまえ》らと盃を傾けるなど、四人の女性とかかわりをもつ。近世の注釈書などでは、仏敵・生け捕りの恥ずべき身であるのに、恋をささやき管弦の遊びに興ずるのはけしからんとの非難もある。が、登場する女性たちは、彼の艶福ぶりを強調するためではなく、死が刻々と迫る重衡の心情吐露の聞き役、またはその代弁者としての働きをしている点に注意すべきだろう。

重衡は、女性の一人内裏女房や年来帰依した法然上人には、堂塔伽藍の焼亡は不慮の事故だ

図19　「重衡被斬」(林原本『平家物語絵巻』(財)林原美術館所蔵)

が、大将軍である以上、その責任は自分一人がとらねばならないだろうといっている(延慶本巻十の四・五)。公の場では気丈にふるまい、死を覚悟はしていても、やはり自分に言い聞かせ、それを包みこむように聞いてくれる人びとが必要だったのである。

翌元暦二(一一八五)年六月、重衡は都近くまでいっしょに護送された宗盛・清宗父子と別れて南都に向かい、同月二三日木津川の河原(現京都府木津川市)で斬られ、首は奈良坂に架けられた。南都の大衆は重衡を受け取るが、処刑を論議した結果、ふたたび武士に引き渡して、彼らに斬らせたのである(図19参照)。平家全軍の華、実質上の最高司令官だった彼も、命を絶たれた時、まだ二九歳の若者だった。

兼実は現世の報いを受けて死んだ清盛に続き、その下手人たる重衡にも罰が下るのは当然としており、彼への冥罰を期待した者は南都関係者をはじめ多数いたであろう。だから後世の日《にち》蓮《れん》のように、「結句《けつく》なら(奈良の)七大寺《しちだいじ》にわたされて、十万の大衆等、我等が仏のかたきなりとて、一刀づつきざみぬ」(『鎌倉遺文』一四〇一七号)という嗜虐《しぎゃく》的な記述も生まれてくる。一方で、兼実の弟慈円《じえん》のように、日野で待ち受けていた妻大納言典侍輔子との印象深い立ち別れや、人相を観る僧が斬首直前の重衡をよくよく観たが少しも死相が見えなかったことなど、好意的に記す人もいた(『愚管抄』巻五)。多くの人びとは、仏敵たる罪を憎んでも、その明るい思いやりのある人柄は愛したのだろう。輔子は処刑の翌日、棄てられていた首のない遺骸をひきとったが、盛夏の候で(現在の暦で七月二八日)、早くも目も当てられない姿になっていたという(覚一本巻十一「重衡被斬」)。

宗盛や時忠ら

義経が生け捕った人びとをともなって京に凱旋する以前の四月二一日、後白河は公卿らを院に集めて、神器還京の件を論議させた。その際兼実は、我が朝では死刑は行なわない、宗盛は東海・東山道への遠流に処すのが無難のうえ、頼朝の気持ちにも叶うか、などと暢気《のんき》なことをいっていた。四月二六日、帰京した宗盛・時忠・清宗らは義経の家に収容される。ところが、来月四日に虜囚らは義経が連れて鎌倉におもむく、との風聞が伝わってくる。院や朝廷は完全に無視された。頼朝にとって平家追討は、父義朝の遺恨を晴らす私戦でもあり、捕らえた宗盛・清宗父子の処分は自分の思いのままと考えていたのである。五月七日、義経は宗盛父子ならびに郎従ら十余人を従えて鎌倉に下った。兼実は日記に「これ配流の儀にあらず」と書いた（『玉葉』）。

鎌倉へ送られ頼朝と対面した宗盛は、卑屈な態度をとって、居並ぶ大名・小名の非難をあびたという。重衡とはあまりに類型的な対照であるが、これまでのふるまいから、さもありなんと思わせるところが、この人の不幸だろう。頼朝との対面を終えて都に帰る途上の六月二一日、宗盛は近江篠原宿（現滋賀県野洲市大篠原）で知盛の侍右馬允《うまのじょう》橘公長に、清宗は野路《のじ》駅（現滋賀県草津市野路町）で義経の郎等堀景光《かげみつ》によって斬られ、首級は検非違使に渡されて都大路を引き回された。『平家物語』では、宗盛は彼らしく、最期の瞬間まで、我が子清宗への恩愛を捨てきれない人間として描かれている（巻十一「大臣殿被斬」）。

同じ捕虜でも、時忠はもともと武家平家とは一線を画する公家平家の家柄であったため、京都にとどめられた。彼は神鏡を保持した功を主張して死罪を逃れ、能登配流と決まった。その後も源義経を女婿として保身を図ったが、院も頼朝も許さず配流を行なう。狐の狡知《こうち》と獅子のたけだけしさを兼ね備えた政治家も、これで政治生命を絶たれた。

壇ノ浦で源氏の勝因をつくった田口成良は、功を認められず、捕虜のまま鎌倉に連行された。彼は平家のために多くの貢献をしたが、義経の屋島攻撃の時、我が子の教良《のりよし》(範能)が謀られて降人になる。「かしこきもの(才能あるもの)」らしく(『六代勝事記』)、平家の滅亡必至と見て、源氏に返忠《かえりちゅう》(味方を裏切って敵のために尽すこと)しようと考えたという。延慶本によると鎌倉での成良の評判は至って悪く、評定の席で有力御家人たちは、口々に先祖相伝の主に不忠した不当の仁を許さずといったので、成良は怒って悪口を吐いた。いよいよ心証を悪くした成良は、籠に入れられ、下から火をつけて焙《あぶ》り殺しにされたという(巻十二の七)。それはともかく、子の教良が建久八(一一九七)年三浦浜で斬首され、また『東大寺造立供養記』に、東大寺別所の浄土堂は、もと阿波民部重能(成良)が阿波に建立したものだったが、「乱逆の長」だったため、源平合戦後「誅戮《ちゅうりく》」され、東大寺を焼いた平家の「罪根」を救うため、九体の丈六仏とともに東大寺に移されたとある点から、成良が殺されたのは事実のようである。

平家政権とは何だったか

かくして平家は滅んだ。平家政権成立の意義とは何だろう。

まず平氏系王朝の樹立をめざしたことをあげねばならない。もっとも天子の姓の交替を意味する易姓《えきせい》革命の思想の無かった日本では、新王朝といっても王家内部における皇統の移動、それを支える政治勢力（摂関家を中心とする藤原氏から平家のそれへ）の交代にとどまるのであるが。

第二は鎌倉期以降盛んになる中国貿易、中国からの新たな文化流入、技術移転の道筋をつけたことがあげられよう。第三はのちに鎌倉幕府のそれにつながる政治権力（史上初の幕府としての六波羅幕府）を創出したことであろう。九九頁で略述したところを若干敷衍《ふえん》すれば、頼朝は、国家の軍事警察機能を掌握し、その幕府を福原以上に都から離れた鎌倉に開設し、清盛以上に上京を禁欲し（平家討滅後わずか二回）、親平家公卿を使う手法から一歩進み、うまく機能しなかったとはいえ、王朝側に議奏《ぎそう》公卿制（文治元〈一一八五〉年一二月、右大臣九条兼実ら一〇人の親頼朝派の公卿の集議奏上によって政務を行なわせ、後白河院の専断を抑制しようとしたもの）を押しつけ、そうして六波羅を鎌倉権力の京都での拠点として再編成した。これが京都守護（洛中警固、裁判その他の政務、朝幕間の連絡等にあたる機関）であり、のちに南北両六波羅（探題）に発展する。清盛が摂津・播磨にまたがる地域を基盤的勢力圏としたのに対し、研究者によっては「東国国家」とまで規定する、東日本諸国への強力広範な行政権を獲得した。

頼朝の幕府の画期性を信じて疑わない人びとは、平家のそれとの多くの共通性を見落としていると思う。頼朝の歴史的評価は、幕府を創設したことにあるのではなく、平家の創りだしたひな型を踏襲し、その手法をより厳格、より本格的に追求した点にもとめられるべきである。

平家の権力は、新王朝はもとより幕府自体も十分成熟したものではなかったが、その後七〇

○年近い武家政治の出発点となったわけだから、やはり重要な意義を認めねばならない。筆者は、武家の政治の到来を、歴史の進歩として無邪気に肯定する立場をとらないが、それが日本歴史を前後に区分する重大な画期、歴史の大きな分岐点であったことは、疑うべくもないのである。

平家の政権を完璧なまでに打倒した内乱の基本性格については、第三章でわずかに言及したところであり、その本格的な叙述は筆者にとって次なる課題であるが、打倒対象になった平家の政権や軍制の特色、それを構成した家々、およびそれを担った人びとの実像や、貴族化といわれていることの実態、芸能や武芸、勇敢や怯懦、自負や諦念、交叉する人間くさい情念やさまざまな葛藤などは、従来必ずしも広く知られているわけではなかった。本書ではそれらを『平家物語』の物語構想と対比させながら、具体的な姿で紹介しえたと思う。今はそれをもって、ひとまずの満足としなければならない。

徳子の修羅道

義経らによって都に連れ帰られた建礼門院徳子は三一歳で出家、文治元（一一八五）年秋、比叡山西麓の大原に引き籠もった。『平家物語』は翌年夏、後白河法皇がひそかに大原の女院を訪ねたとする。有名な大原御幸である。語り本の一方系では、壇ノ浦で捕らえられた建礼門院のその後、往生までの章段五曲を集め、特別の一巻にまとめている。大原御幸はそこに含まれ、この巻をとくに灌頂巻《かんじょうのまき》と呼ぶ。このため一方系諸本では、本巻の一二巻とあわせると実質一三巻となる。同じ語り本の八坂系では、灌頂巻をとくに立てず、該当記事を十一・十二巻にばらばらに配する。

大原御幸にかかわる記事は、他では貞応《じょうおう》元(一二二二)年に成立した仏教説話集『閑居友《かんきょのとも》』に見えるだけで、同書は「かの院(後白河院)の御あたりの事をしるせる文」によったとあり、『平家物語』も同じ材料に基づいたと推測されている。『閑居友』が記録的であるのに比べ、『平家物語』とくに語り本系では、多分に唱導《しょうどう》(一定の法式によって説法を行なうこと)色の濃いものになっている。

すなわち女院は、来訪した法皇に対し、「こうした境遇は一時の嘆きではありますが、死後の極楽往生のためにはかえってよい機縁になりました。一門の成仏を祈り三尊の来迎を待っております。ただ、いまだに先帝の面影が忘れられませんが、朝夕の勤めを怠らないことは仏道への導きと思います」と述べる。以下、女院はわが身の半生の境涯を、天上・人間・餓鬼・修羅・地獄・畜生の六道になぞらえながら、内乱中に体験した苦難を淡々と述懐する。

これらは他の確かな史料には見えないので、作家永井路子氏などは、御幸自体がフィクションであるとされる。氏はいくらお忍びでも、公卿六人、殿上人八人がお供についた院の御幸が、驚くべき情報網をもつ九条兼実の『玉葉』などに記されていないのはおかしいし、覚一本などで女院の大原の住まいをたいそう物寂しく、生活もひどく貧しげに書いている点も、後世の付加された物語である可能性を感じさせるという。

私も同じ論拠で史実としては懐疑的である。だいたいこの地は、延暦寺の別所で、発心者たちが庵生活をするところであった。近くには後世三千院の本堂となる平安後期の代表的な阿弥陀堂建築、往生極楽院もあり、まったくの無人境ではなかった。

語り本系では、読み本系にある平家を見捨てた法皇への彼女の怨みごと部分が、すっぱり切り落とされ、畜生道（禽獣同然であったこと）の懺悔も曖昧マイルドに変形されている。後者については、読み本系は建礼門院が畜生道を除く五道まで語って、話を打ち切ろうとしたところ、法皇がそこまで語ったら、はばかるべきではないと催促するので、

都ヲ出テ後ハ、イツトナク、宗盛、知盛、一船ヲ棲《すみか》トシテ日重《ひをかさね》、月ヲ送シカバ、人ノ口ノサガナサハ、何トヤラン聞《きき》ニクキ名ヲ立シカバ、畜生道ヲモ経ル様ニ侍リキ

と、西海放浪の間に近親相姦（畜生道）の噂を立てられたことを語る、残酷な形になっている（巻十二の廿五）。右は延慶本であるが、『源平盛衰記』では知盛の理想化のゆえか「兄の宗盛に名

を立《たつ》と云《いふ》」と、彼の名が削除されている。そのかわり、壇ノ浦合戦で「九郎判官に虜《いけどら》れて、心ならぬあだ名を立《たて》候へば、畜生道に云なされたり」と見えている(巻四十八「女院六道廻物語事」)。『源平盛衰記』ではほかにいくつも宗盛と徳子の男女の関係をほのめかす箇所があり、さらに長門本や『源平盛衰記』では宗盛の鎌倉行きを聞いて悲嘆にくれる女院に、義経が「御衣さまざまにと、のへまいらせて」と衣装を贈っている(長門本巻十八「大臣殿父子関東下向事」)。王朝風俗では、男が女性に衣装を贈るのは、かなり明白な愛情表現だった。しかしこれらは史実というより、作者の興味本位の空想の域を出ないものである。

法皇と女院

それよりむしろ、後白河法皇の彼女を見るまなざしに尋常でないものがある。治承五(一一八一)年、内乱二年目の正月、以前から重篤であった高倉上皇の病がいよいよ重くなった時、上皇が亡くなったら中宮徳子を法皇の後宮に納めるという策が持ち上がり、徳子の頑強な抵抗で立ち消えになった。法皇は男色にも手を染めたが、女色についても旺盛であった。彼は平家にたいして悪感情をもっていたが、徳子個人には興味があった。そうでなければ法皇の後宮に入れようという策が思いつかれるはずがないだろう。また『山丞記』には、前年一二月一三日夜、徳子が重衡率いる勇士に護衛されて、上皇に加え五日前法皇が入った六波羅池殿に行啓した、これを「最密の儀」であるといい、また翌々日のたそがれ時、法皇が中宮の方に渡御した、など思わせぶりな記事が見える。両者の関係はただの噂にとどまらないかもしれない。

もちろん筆者はこれらをいいたて、女院の性のルースに及ぼうとするものではない。ただ、彼女の出家や大原入りの背景に、内乱期の苛酷な現実、女性なるがゆえに負わされた悲しみや強いられた屈辱を感知すべき、と思わざるをえないのである。そして女院の述懐には、このような物語を創作し、彼女への陋劣《ろうれつ》な好奇心やむごい強《し》い語りを述べることで法皇批判をほのめかし、いまわしい過去からの解放を願った彼女に同情と共感を寄せた人びと、あるいは逆に愛欲に生きた高貴な女性の零落を想像し、卑俗で残酷な興味を満足させた人びとがいることを、ともども読み取りたい。

この後、語り本系『平家物語』では、建久二(一一九一)年、女院が寂光院阿弥陀三尊の中尊の手に五色の糸を結び、往生への仏の迎えを願いながら没したとする。しかし事実は女院は姉妹のつてで京に戻り、法勝寺あたりや東山の鷲尾に移住し、貞応二(一二二三)年に亡くなったらしい。大原の寂光院に隣接する大原西陵は女院の陵墓だが、彼女はここで死んだわけではなかった。

大原の地は、彼女のメタモルフォーゼのために用意された、つかの間の宿りにすぎない。

あとがき

本文では十分に説明できなかったが、平家の歴史像全体を理解するために大事な点なので、この場を借りて補足しておきたいことがある。それは旧著(『清盛以前——伊勢平氏の興隆』)で提起して以来、本書も踏襲した清盛落胤説についてである。清盛が白河法皇の落胤であったということは、朝廷における平家の勢力伸張を考えるうえで、見過ごせない要素だと筆者は考えている。

これに対し、筆者が「清盛の躍進は出生の秘密によって可能であった」といっているかのように話を単純化して批判される向きもあるが、むろん見当違いで、そんな風には考えていない。日本史上、古代の天皇や徳川将軍の落胤だとされる人物はいるが、それが事実だったとしても、それゆえに彼らが右大臣や幕府大老まで昇任できたわけではない。

清盛の時代についていえば、ある人物が所属する家には、その家の歴史および現実の勢力とかかわって形成された家格によって、到達できる位階・官職の上限が決まっていた。家格という名の身分序列の固定化は、宮廷貴族社会をなりたたせている枠組みであり、宮廷人の現在と将来を左右する最大の要素だった。いくらご落胤でも、育てられた家や本人に特別のパワーがなければ、若干の優遇措置はあったとしても、たどり着ける先は見えているだろう。

平治の乱以後の平家の躍進は、もちろん軍事力を主たる原動力とした。それは長年この時期の武士研究に携わってきた筆者にとっては、あまりにも当然の理解で、そのうえでなお落胤という点に相応の意味を見出している。

それは、清盛が躍進途上で参議・納言・大臣と次々家格の壁に直面した時、伝統的な貴族たちは、彼は落胤だから、この際それに任ずるのもやむをえないか、と自らを納得させる理由にした、と考えうるからである。かつての王家の家長との血のつながりは、特殊事情や政変などにより、家格を越える昇任が政治問題になった時、例外を受容する口実としての効果をもつ。超絶した力量をもっていても、閉鎖的な特権社会というのは、自らの自尊心をなだめるため、新規参入者にそういう付加価値を要求してやまないのである。

似たようなことだが、重盛の母が、摂関家の大殿忠実の娘である可能性ありという点については、論稿「重盛の母」(『女性史学』七号、一九九七年)で提起した。右論稿は旧著の増補改訂版に採録したので、まさかと思われる方は、内容に即してご検討いただきたい。

ついでにもう一言。前著『平清盛　福原の夢』で、平氏系新王朝の立ち上げ以前とそれが挫折した以後の平家の権力を、六波羅幕府という概念でとらえた。本書でもそれを叙述の前提にしている。当然ながら学界では、この新奇に見える問題提起にたいする、とまどいや疑問がある。それらの疑問の一端については、最近「六波羅幕府という提起は不適当か――上横手雅敬氏の拙著評に応える」(『日本史研究』五六三号、二〇〇九年)でお答えしておいた。ご関心のむきは、これもご参照いただければありがたい。

*　*　*

本書執筆にあたっては、先行する無数のお仕事を参照させていただいた。とくに日本文学研究者の『平家物語』研究からは多くを学んだ。まるで木曾義仲のように乱暴で不躾な闖入《ちんにゅう》だ、と思われる方もいらっしゃると思うけれど、歴史学に身を置きつつ、しかし歴史と文学の双方にわたる研究をしたいというのが、私の立場であり見果てぬ夢である。これらは新書の性格上、本文でいちいち注記をつけることができなかったので、別途参考文献として掲げておいた。あくまでおもなものに限られているので漏れは少なくない。失礼にあたることもあろうが、広いお心でご宥恕いただければさいわいである。

本書を執筆するにあたり、たえず意識した特別の一冊があった。ほかでもない、岩波新書の青版、一九五七年に刊行された石母田正『平家物語』である。大学入学したての晩春に読んで、その魅力にとりつかれた。国民文学たらんとする構想をもつ吉川英治の『新・平家物語』も、その数カ月前、つまり大学入試本番直前に読了している。だが、石母田さんの社会変動の動的な把握から文学理解へと上昇するダイナミズム、犀利で縦横の論理展開、人間理解の深さ、知盛の歴史に立ち向かう姿勢(石母田さん自身の政治体験のなにほどかの投影)への共鳴は、小さな本ながら、吉川英治の精妙で甘美な大絵巻を圧倒し、まだ新鮮だったその読後の印象をにわかに色あせたものにした。

石母田さんの新書に感動したことで、日本中世史、ことに平家と治承・寿永の内乱の時代を研究したいという、途方もない思いにとりつかれた。それから半世紀にあと四年という長い時間がたつが、研究生活の節目節目に同書を読み返すこと、十数回にはなるだろう。それが前著(『平清盛　福原の夢』)を書いたことで、思いがけなくも同じ媒体で、平家の人びとと『平家物語』について書く機会が訪れた。

小著は石母田さんの不朽の名著へのオマージュであるとともに、おずおずの挑戦状である。資質・力量の懸隔については、この際目をつぶっていただきたい。平家という政治武力集団の特質とそのなかに生きた公達たちへの筆者の理解が、もし読者のみなさんの関心を喚起するだけのインパクトをもちえているとすれば、飛び上がるほどうれしい。それに届かなければ、再びドンキーの粘りでがんばるしかないだろう。

なお『平家の群像』というメインタイトルについては、もう十数年前に不慮の事故でみまかられた安田元久氏に、同名の新書がある(塙新書、一九六七年)。これも現在まで息長く読まれたすぐれた歴史書であり、忘れがたい個人的な思い出もある。まだ古びていない書物と同じ書名を使わせていただくのは、僭越に見えるかもしれないが、先学の仕事への敬慕がなせるわざであり、ご理解いただきたい。

最後に本書への道を開いてくださった鷲尾賢也氏、内容の点検にご協力いただいた栗山圭子さん、筆者の説明不足や盲点を的確に指摘し、丁寧な本作りへと導いてくれた岩波書店新書編集部の古川義子さんに、お礼を申し上げたい。

二〇〇九年八月三〇日

髙橋昌明

主な参考文献（原則として関連箇所の登場順に掲げる）

序章

髙橋昌明『清盛以前――伊勢平氏の興隆』平凡社、一九八四年（増補改訂して二〇〇四年、文理閣より再刊）
水原一『延慶本平家物語論考』加藤中道館、一九七九年
『AERAMOOK「平家物語」がわかる。』朝日新聞社、一九九七年
佐伯真一「解説」築島裕・島津忠夫・井上宗雄・長谷川強・岡崎久司編『大東急記念文庫善本叢刊　中古中世篇　別巻一　延慶本平家物語　第六巻』汲古書院、二〇〇八年

第一章

多賀宗隼「平家一門――清盛の地位と役割」『日本歴史』三五四号、一九七七年
髙橋昌明「平重盛の小松殿と小松谷」『日本歴史』六七二号、二〇〇四年
武久堅「説話する末世の予見者――重盛伝承と平家物語の構想」『平家物語の全体像』和泉書院、一九九六年

佐々木紀一「小松の公達の最期」『国語国文』六七巻一号、一九九八年
工藤重矩『平安朝の結婚制度と文学』風間書房、一九九四年
野口実「十二世紀における東国留住貴族と在地勢力――「下総藤原氏」覚書」『中世東国武士団の研究』高科書店、一九九四年
壬生由美「「平家物語」における平維盛像の形成――「源氏物語」との関係をめぐって」『国文』(お茶の水女子大学国語国文学会)七三号、一九九〇年
春日井京子「『安元御賀記』と『平家公達草紙』――記録から〈平家の物語〉へ」『伝承文学研究』四五号、一九九六年
堀淳一「後白河院五十賀における舞楽青海波――『玉葉』の視線から」『古代中世文学論考』第三集、新典社、一九九九年
櫻井陽子「『平家公達草紙』再考」『明月記研究』八号、二〇〇三年
三田村雅子「青海波舞の紡ぐ「夢」」『記憶の中の源氏物語』新潮社、二〇〇八年
三島暁子「御賀の故実継承と「青海波小輪」について――附早稲田大学図書館蔵『青海波垣代之図』翻刻」田島公編『禁裏・公家文庫研究　第三輯』思文閣出版、二〇〇九年
牧野和夫・小川国夫『新潮古典文学アルバム13　平家物語』新潮社、一九九〇年(牧野和夫氏執筆分)
牧野和夫「軍記物語と寺院の〝学文(学問)〟周辺」和漢比較文学会編『和漢比較文学叢書第十五巻　軍記と漢文学』汲古書院、一九九三年

髙橋昌明「平重盛の四天王寺万灯会について」『国文論叢』（神戸大学文学部国語国文学会）三四号、二〇〇四年

第二章

平藤幸「平時忠伝考証」『国語と国文学』七九巻九号、二〇〇二年
栗山圭子「二人の国母――建春門院滋子と建礼門院徳子（承前）」『文学』第三巻五号、二〇〇二年
下郡剛『後白河院政の研究』吉川弘文館、一九九九年
松薗斉「武家平氏の公卿化について」『九州史学』一一八・一一九合併号、一九九七年
大木玲子「平重衡論――「あひ思ふことなき公達」から「仏敵」への変貌」『国文目白』（日本女子大学国語国文学会）三三号、一九九三年
秋山寿子「二人の三位中将――重衡と維盛をつなぐもの」『軍記文学の系譜と展開――梶原正昭先生古稀記念論文集』汲古書院、一九九八年
五味文彦「院政期政治史断章」『院政期社会の研究』山川出版社、一九八四年
石井由紀夫「不在の大将軍――知盛像の物語的形成（四）」『鈴木淳一教授退官記念論文集』教育出版、一九八六年
山内俊雄『キーワードから読み解く　やさしいてんかんの本』保健同人社、二〇〇九年
板坂耀子『平家物語――あらすじで楽しむ源平の戦い』中公新書、二〇〇五年

第三章

佐々木紀一「小松の公達の最期」(第一章前掲)
石母田正『古代末期政治史序説――古代末期の政治過程および政治形態』下、未来社、一九五六年
髙橋昌明「平氏家人と源平合戦――譜代相伝の家人を中心として」『軍記と語り物』三八号、二〇〇二年
野口実「平氏政権下における坂東武士団」『坂東武士団の成立と発展』弘生書林、一九八二年
松島周一「富士川合戦と平家物語」『日本文化論叢』(愛知教育大学日本文化研究室)第一一号、二〇〇三年
安田元久『平家の群像』塙新書、一九六七年

第四章

髙橋昌明「平家都落ちの諸相」『文化史学』六五号、二〇〇九年
上横手雅敬「小松殿の公達について」安藤精一先生退官記念会編『和歌山地方史の研究』宇治書房、一九八七年
川合康「治承・寿永の内乱と伊勢・伊賀平氏――平氏軍制の特徴と鎌倉幕府権力の形成」『鎌倉幕府成立史の研究』校倉書房、二〇〇四年

谷山茂「平家歌壇と千載集」『谷山茂著作集六　平家の歌人たち』角川書店、一九八四年
日下力「後堀河・四条朝の平氏」『平家物語の誕生』岩波書店、二〇〇一年
近藤成一「践祚・即位・大嘗祭」『別冊文藝・天皇制』河出書房新社、一九九〇年
義江彰夫「日本律令の刑体系――基礎的考察」『東京大学教養学部　教養学科紀要』第九二輯、一九九〇年
義江彰夫「王朝国家刑罰形態の体系」『史学雑誌』一〇四編三号、一九九五年

第五章

川合康「生田森・一の谷合戦と地域社会」歴史資料ネットワーク編『地域社会からみた「源平合戦」――福原京と生田森・一の谷合戦』岩田書院、二〇〇七年
小林美和「『平家物語』の重衡像」『平家物語の成立』和泉書院、二〇〇〇年
市古貞次編『平家物語研究事典』明治書院、一九七八年
北川忠彦「舞曲「敦盛」まで」『軍記物論考』三弥井書店、一九八九年
宮田敬三「都落ち後の平氏と後白河院――西海合戦の政治史的意味」『年報中世史研究』二四号、一九九九年
角田文衛「平家の残党」『平家後抄――落日後の平家』朝日新聞社、一九七八年
辻本恭子「乳母子伊賀平内左衛門家長――理想化された知盛の死」『日本文藝研究』(関西学院大学日

本文学会）五六巻四号、二〇〇五年

終章

上横手雅敬『平家物語の虚構と真実』講談社、一九七三年
佐々木紀一「小松の公達の最期」（第一章前掲）
五味文彦「東大寺浄土堂の背景」『院政期社会の研究』（第二章前掲）
永井路子『平家物語の女性たち』文春文庫、一九七九年
水原一「建礼門院説話の考察」『延慶本平家物語論考』（序章前掲）
佐伯真一『建礼門院という悲劇』角川選書、二〇〇九年
角田文衛「建礼門院の後半生」『王朝の明暗——平安時代史研究・第二冊』東京堂出版、一九七七年

なお拙著『平清盛　福原の夢』（講談社選書メチエ、二〇〇七年）は序章から第三章の全体、富倉徳次郎『平家物語全注釈』（全四巻、角川書店、一九六六〜六八年）は小著全体にわたる参考文献である。

付・引用について

本文中の文学作品の引用に際し、読みやすさを考慮し、原文の表記を適宜改めた箇所がある。なお以下の文学作品について、参照した刊本または翻刻を左にあげる。

『平家物語』覚一本――『平家物語』全四巻、岩波文庫、一九九九年
『平家物語』延慶本――『校訂　延慶本平家物語』全一二巻、汲古書院、二〇〇〇～〇九年
『平家物語』長門本――『平家物語　長門本』国書刊行会、一九〇六年
『源氏物語』――『日本古典文学全集』一二～一七、小学館、一九七〇～七六年
『建礼門院右京大夫集』――『新編日本古典文学全集』四七、小学館、一九九九年
『十訓抄』――『新編日本古典文学全集』五一、小学館、一九九七年
『愚管抄』――『日本古典文学大系』八六、岩波書店、一九六七年
『安元御賀記』――『群書類従　雑部』二十九輯、続群書類従完成会、一九五五年
『平家公達草紙』――『建礼門院右京大夫集』岩波文庫、一九七八年
『源平盛衰記』――『源平盛衰記』一～六、三弥井書店、一九九一～二〇〇七年
『源平盛衰記』上下、有朋堂文庫、一九二七年
『平家花揃』――「翻刻平家花揃(蓬左文庫蔵本)」『説林』(愛知県立女子大学)一三号、一九六五年

その他、古記録および古文書の引用に際しては、すべて読み下し文とした。以下の記録・古文書について、参照した刊本または翻刻を左にあげる。

『玉葉』――『図書寮叢刊　九条家本　玉葉』既刊一二冊(刊行継続中)、明治書院、一九九四～二〇〇九年

『兵範記』――『増補史料大成』一八〜二二、臨川書店、一九八一年
『山槐記』――『増補史料大成』二六〜二八、臨川書店、一九八九年
『吉記』――『新訂　吉記』全四巻、和泉書院、二〇〇二〜〇八年
『明月記』――『史料纂集　明月記』一、続群書類従完成会、一九七一年
『山丞記』――小川剛生「『警固中節会部類記』研究　附、翻刻」『明月記研究』五号、二〇〇〇年
『百練抄』――『新訂増補国史大系　日本紀略(後)・百錬抄』一一、吉川弘文館、一九六五年
『吾妻鏡』――『新訂増補国史大系　吾妻鏡　前編』三二、吉川弘文館、一九六五年
『平安遺文』――『平安遺文　古文書編』八・新続補遺、東京堂出版、一九六三年・一九七五年
『鎌倉遺文』――『鎌倉遺文　古文書編』二、東京堂出版、一九七二年

文学

武蔵野をよむ　赤坂憲雄
原民喜 死と愛と孤独の肖像　梯久美子
中原中也 沈黙の音楽　佐々木幹郎
戦争をよむ 70冊の小説案内　中川成美
夏目漱石と西田幾多郎　小林敏明
正岡子規 人生のことば　復本一郎
『レ・ミゼラブル』の世界　西永良成
北原白秋 言葉の魔術師　今野真二
文庫解説ワンダーランド　斎藤美奈子
俳句世がたり　小沢信男
漱石のこころ　赤木昭夫
夏目漱石　十川信介
村上春樹は、むずかしい　加藤典洋
「私」をつくる 近代小説の試み　安藤宏
現代秀歌　永田和宏

言葉と歩く日記　多和田葉子
近代秀歌　永田和宏
杜甫　川合康三
古典力　齋藤孝
食べるギリシア人　丹下和彦
和本のすすめ　中野三敏
老いの歌　小高賢
ラテンアメリカ十大小説　木村榮一
王朝文学の楽しみ　尾崎左永子
正岡子規 言葉と生きる　坪内稔典
文学フシギ帖　池内紀
ヴァレリー　清水徹
白楽天　川合康三
ぼくらの言葉塾　ねじめ正一
季語の誕生　宮坂静生
和歌とは何か　渡部泰明
小林多喜二　ノーマ・フィールド
いくさ物語の世界　日下力
漱石 母に愛されなかった子　三浦雅士

中国の五大小説 上 三国志演義・西遊記　井波律子
中国の五大小説 下 水滸伝・金瓶梅・紅楼夢　井波律子
中国名文選　興膳宏
小説の読み書き　佐藤正午
森鷗外 文化の翻訳者　長島要一
英語でよむ万葉集　リービ英雄
源氏物語の世界　日向一雅
花のある暮らし　栗田勇
読書力　齋藤孝
一億三千万人のための小説教室　高橋源一郎
ダルタニャンの生涯　佐藤賢一
花を旅する　栗田勇
一葉の四季　森まゆみ
西遊記　中野美代子
中国文章家列伝　井波律子
翻訳はいかにすべきか　柳瀬尚紀
太宰治　細谷博
隅田川の文学　久保田淳

岩波新書より

天保の義民　松好貞夫
太平洋海戦史〔改訂版〕　高木惣吉
昭和史〔新版〕　遠山茂樹・今井清一・藤原彰
近衛文麿　岡義武
管野すが　絲屋寿雄
山県有朋　岡義武
明治維新の舞台裏〔第二版〕　石井孝
革命思想の先駆者　家永三郎
福沢諭吉　小泉信三
吉田松陰　奈良本辰也
「おかげまいり」と「ええじゃないか」　藤谷俊雄
犯科帳　森永種夫
大岡越前守忠相　大石慎三郎
江戸時代　北島正元
大坂城　岡本良一
豊臣秀吉　鈴木良一
織田信長　鈴木良一
歌舞伎以前　林屋辰三郎

京都　林屋辰三郎
日本の歴史 中　井上清
天皇の祭祀　村上重良
沖縄のこころ　大田昌秀
ひとり暮しの戦後史　塩沢美代子・島田とみ子
伝説　柳田国男
岩波新書で「戦後」をよむ　小森陽一・成田龍一・本田由紀
岩波新書の歴史 付・総目録 1938–2006　鹿野政直

シリーズ日本近世史

戦国乱世から太平の世へ　藤井讓治
村 百姓たちの近世　水本邦彦
天下泰平の時代　高埜利彦
都市 江戸に生きる　吉田伸之
幕末から維新へ　藤田覚

シリーズ日本古代史

農耕社会の成立　石川日出志
ヤマト王権　吉村武彦
飛鳥の都　吉川真司
平城京の時代　坂上康俊
平安京遷都　川尻秋生
摂関政治　古瀬奈津子

シリーズ日本近現代史

幕末・維新　井上勝生
民権と憲法　牧原憲夫
日清・日露戦争　原田敬一
大正デモクラシー　成田龍一
満州事変から日中戦争へ　加藤陽子
アジア・太平洋戦争　吉田裕
占領と改革　雨宮昭一
高度成長　武田晴人
ポスト戦後社会　吉見俊哉
日本の近現代史をどう見るか　岩波新書編集部編

シリーズ日本中世史

中世社会のはじまり　五味文彦
鎌倉幕府と朝廷　近藤成一

岩波新書より

中世日本の予言書　小峯和明
沖縄現代史〔新版〕　新崎盛暉
刀狩り　藤木久志
戦後史　中村政則
明治デモクラシー　坂野潤治
環境考古学への招待　松井章
源義経　五味文彦
日本人の歴史意識　阿部謹也
明治維新と西洋文明　田中彰
奈良の寺　奈良文化財研究所編
西園寺公望　岩井忠熊
日本の軍隊　吉田裕
聖徳太子　吉村武彦
東西／南北考　赤坂憲雄
江戸の見世物　川添裕
王陵の考古学　都出比呂志
日本文化の歴史　尾藤正英
日本の神々　谷川健一
南京事件　笠原十九司

日本社会の歴史 上・中・下　網野善彦
絵地図の世界像　応地利明
江戸の訴訟　高橋敏
神仏習合　義江彰夫
謎解き洛中洛外図　黒田日出男
従軍慰安婦　吉見義明
中世に生きる女たち　脇田晴子
考古学の散歩道　田中琢　佐原真
武家と天皇　今谷明
中世倭人伝　村井章介
琉球王国　高良倉吉
昭和天皇の終戦史　吉田裕
幻の声 NHK広島8月6日　白井久夫
西郷隆盛　猪飼隆明
平泉 よみがえる中世都市　斉藤利男
象徴天皇制への道　中村政則
正倉院　東野治之
軍国美談と教科書　中内敏夫

日中アヘン戦争　江口圭一
青鞜の時代　堀場清子
子どもたちの太平洋戦争　山中恒
江戸名物評判記案内　中野三敏
国防婦人会　藤井忠俊
インパール作戦従軍記　丸山静雄
徳政令　笠松宏至
日本文化史〔第二版〕　家永三郎
自由民権　色川大吉
寺社勢力　黒田俊雄
神々の明治維新　安丸良夫
茶の文化史　村井康彦
戒厳令　大江志乃夫
漂海民　羽原又吉
真珠湾・リスボン・東京　森島守人
陰謀・暗殺・軍刀　森島守人
東京大空襲　早乙女勝元
兵役を拒否した日本人　稲垣真美
平家物語　石母田正
演歌の明治大正史　添田知道

岩波新書より

日本史

大化改新を考える　吉村武彦
江戸東京の明治維新　横山百合子
戦国大名と分国法　清水克行
東大寺のなりたち　森本公誠
武士の日本史　髙橋昌明
五日市憲法　新井勝紘
後醍醐天皇　兵藤裕己
茶と琉球人　武井弘一
近代日本一五〇年　山本義隆
語る歴史、聞く歴史　大門正克
義経伝説と為朝伝説 日本史の北と南　原田信男
出羽三山 山岳信仰の歴史を歩く　岩鼻通明
日本の歴史を旅する　五味文彦
一茶の相続争い　高橋敏
鏡が語る古代史　岡村秀典
日本の近代とは何であったか　三谷太一郎

戦国と宗教　神田千里
古代出雲を歩く　平野芳英
自由民権運動 〈デモクラシー〉の夢と挫折　松沢裕作
風土記の世界　三浦佑之
京都の歴史を歩く　小林丈広・高木博志・三枝暁子
蘇我氏の古代　吉村武彦
昭和史のかたち　保阪正康
「昭和天皇実録」を読む　原武史
生きて帰ってきた男　小熊英二
遺骨 戦没者三一〇万人の戦後史　栗原俊雄
在日朝鮮人 歴史と現在　水野直樹・文京洙
京都〈千年の都〉の歴史　高橋昌明
唐物の文化史　河添房江
小林一茶 時代を詠んだ俳諧師　青木美智男
信長の城　千田嘉博
出雲と大和　村井康彦
女帝の古代日本　吉村武彦

秀吉の朝鮮侵略と民衆　北島万次
コロニアリズムと文化財　荒井信一
特高警察　荻野富士夫
朝鮮人強制連行　外村大
古代国家はいつ成立したか　都出比呂志
渋沢栄一 社会企業家の先駆者　島田昌和
中国侵略の証言者たち　岡部牧夫・荻野富士夫・吉田裕 編
漆の文化史　四柳嘉章
平家の群像 物語から史実へ　高橋昌明
シベリア抑留　栗原俊雄
アマテラスの誕生　溝口睦子
中国残留邦人　井出孫六
証言 沖縄「集団自決」　謝花直美
遣唐使　東野治之
朝鮮通信使　仲尾宏
戦艦大和 生還者たちの証言から　栗原俊雄
金・銀・銅の日本史　村上隆

岩波新書新赤版一〇〇〇点に際して

ひとつの時代が終わったと言われて久しい。だが、その先にいかなる時代を展望するのか、私たちはその輪郭すら描きえていない。二〇世紀から持ち越した課題の多くは、未だ解決の緒を見つけることのできないままであり、二一世紀が新たに招きよせた問題も少なくない。グローバル資本主義の浸透、憎悪の連鎖、暴力の応酬――世界は混沌として深い不安の只中にある。

現代社会においては変化が常態となり、速さと新しさに絶対的な価値が与えられた。消費社会の深化と情報技術の革命は、種々の境界を無くし、人々の生活やコミュニケーションの様式を根底から変容させてきた。ライフスタイルは多様化し、一面では個人の生き方をそれぞれが選びとる時代が始まっている。同時に、新たな格差が生まれ、様々な次元での亀裂や分断が深まっている。社会や歴史に対する意識が揺らぎ、普遍的な理念に対する根本的な懐疑や、現実を変えることへの無力感がひそかに根を張りつつある。そして生きることに誰もが困難を覚える時代が到来している。

しかし、日常生活のそれぞれの場で、自由と民主主義を獲得し実践することを通じて、私たち自身がそうした閉塞を乗り超え、希望の時代の幕開けを告げてゆくことは不可能ではあるまい。そのために、いま求められていること――それは、個と個の間で開かれた対話を積み重ねながら、人間らしく生きることの条件について一人ひとりが粘り強く思考することではないか。その営みの糧となるものが、教養に外ならないと私たちは考える。歴史とは何か、よく生きるとはいかなることか、世界そして人間はどこへ向かうべきなのか――こうした根源的な問いとの格闘が、文化と知の厚みを作り出し、個人と社会を支える基盤としての教養となった。まさにそのような教養への道案内こそ、岩波新書が創刊以来、追求してきたことである。

岩波新書は、日中戦争下の一九三八年一一月に赤版として創刊された。創刊の辞は、道義の精神に則らない日本の行動を憂慮し、批判的精神と良心的行動の欠如を戒めつつ、現代人の現代的教養を刊行の目的とする、と謳っている。以後、青版、黄版、新赤版と装いを改めながら、合計二五〇〇点余りを世に問うてきた。そして、いままた新赤版が一〇〇〇点を迎えたのを機に、人間の理性と良心への信頼を再確認し、それに裏打ちされた文化を培っていく決意を込めて、新しい装丁のもとに再出発したいと思う。一冊一冊から吹き出す新風が一人でも多くの読者の許に届くこと、そして希望ある時代への想像力を豊かにかき立てることを切に願う。

（二〇〇六年四月）

高橋昌明

1945年 高知県に生まれる
1969年 同志社大学大学院文学研究科修士課程修了
滋賀大学教育学部教授，神戸大学大学院人文学研究科教授を経て
現在一神戸大学名誉教授
専攻一日本中世史
著書一『武士の成立 武士像の創出』(東京大学出版会)
『平清盛 福原の夢』(講談社選書メチエ)
『増補・改訂 清盛以前――伊勢平氏の興隆』(平凡社ライブラリー)
『平家と六波羅幕府』(東京大学出版会)
『京都〈千年の都〉の歴史』(岩波新書)
『武士の日本史』(岩波新書)
『定本 酒呑童子の誕生――もうひとつの日本文化』(岩波現代文庫)
『都鄙大乱 「源平合戦」の真実』(岩波書店，2021年9月28日刊行) ほか

平家の群像 物語から史実へ 岩波新書(新赤版)1212

2009年10月20日 第1刷発行
2021年9月6日 第7刷発行

著 者 高橋昌明《たかはしまさあき》

発行者 坂本政謙

発行所 株式会社 岩波書店
〒101-8002 東京都千代田区一ツ橋2-5-5
案内 03-5210-4000 販売部 03-5210-4111
https://www.iwanami.co.jp/

新書編集部 03-5210-4054
https://www.iwanami.co.jp/sin/

印刷・精興社 カバー・半七印刷 製本・中永製本

ISBN 978-4-00-431212-3 Printed in Japan

主要人名索引

（人名は本文初出箇所にルビを付す．女性名は音読みを原則にしたが，一部一般に知られた読み方にしたがったところがある）

さ　行

た　行

ま　行

や　行

ら　行

わ　行

平家関連略年表

西暦	和暦	事　項
1118	元永 1	1月　平清盛生まれる
1138	保延 4	清盛の長子，重盛生まれる
1147	久安 3	宗盛生まれる
1152	仁平 2	知盛生まれる
1155	久寿 2	7月　近衛天皇没，兄の後白河天皇(雅仁)即位
1156	保元 1	7月　鳥羽法皇没．保元の乱．崇徳上皇讃岐へ配流．信西入道，実権握る
1157	保元 2	重衡生まれる
1158	保元 3	8月　後白河天皇，子・二条天皇(守仁)に譲位，上皇となる
1159	平治 1	12月　平治の乱．清盛，藤原信頼・源義朝を破る／重盛の長子，維盛生まれる
1161	応保 1	9月　平時忠・教盛ら，憲仁親王の立太子を企て解官される
1165	永万 1	6月　二条天皇，子・六条天皇(順仁)に譲位ののち没
1166	仁安 1	11月　清盛，内大臣に
1167	仁安 2	2月　清盛太政大臣，重盛権大納言に／5月　重盛，父の国家軍制統括責任者の地位を継承，清盛，太政大臣を辞す
1168	仁安 3	2月　清盛，出家．六条天皇，高倉天皇(憲仁)に譲位
1169	仁安 4	3月　清盛，福原へ退隠
1170	嘉応 2	7月　殿下乗合事件．のちに重盛，復讐のため摂政藤原基房を襲わせる
1171	承安 1	12月　平徳子(清盛娘，のちの建礼門院)，高倉天皇に入内
1176	安元 2	3月　維盛，後白河法皇五〇の賀宴にて青海波を舞う／7月　建春門院滋子没
1177	安元 3	3月　重盛内大臣に／4月　延暦寺衆徒，安元の強訴を起こす／6月　鹿ヶ谷の謀議発覚，平家打倒を企てた院近臣，処分される
1178	治承 2	11月　徳子，言仁を生む，翌月東宮に
1179	治承 3	7月　重盛没／11月　平家，軍事クーデタにより院政を停止
1180	治承 4	2月　高倉天皇，安徳天皇(言仁)に譲位／5月　知盛重病／6月　平家一門，安徳・高倉・後白河とともに福原遷都

		／8月　伊豆で源頼朝ら挙兵，内乱の始まり／10月　富士川の合戦，平家惨敗／11月　京都へ還都／12月　清盛，後白河院政復活要請．近江の合戦．南都焼討
1181	治承5	1月　高倉上皇没．宗盛，畿内など9カ国の惣官になる／2月　知盛，病に倒れ美濃から帰還／閏2月　清盛没，宗盛，平家一門総帥に／3月　墨俣の合戦，平家，源行家軍に大勝
1183	寿永2	4月　平家，北陸道に遠征／5〜6月　平家，木曽義仲軍に大敗／7月，義仲軍，都に迫る．平家，安徳天皇とともに都落ち．義仲・行家入京／10月　頼朝，東国支配権承認の宣旨を承ける／閏10月　平家，水島で義仲軍に勝利／11月　義仲，法皇を幽閉，専制を布く．平家，室山で行家軍に勝利
1184	寿永3	1月　義仲討ち死に／2月　一の谷の合戦．平家大敗，重衡捕らわれる
1185	元暦2	2月　義経，屋島を急襲，平家，屋島を放棄／3月　壇ノ浦の合戦，平家滅亡／6月　宗盛・清宗斬首，重衡斬首